都留から富士山へ

①	芭蕉月待の湯
②	長安寺
③	楽山公園（文大前駅）
④	永寿院
⑤	長慶寺
⑥	耕雲院、太郎次郎滝
⑦	宝鏡寺
⑧	小沼
⑨	新倉浅間公園、忠霊塔
⑩	新世界乾杯通り
⑪	金鳥居
⑫	北口本宮富士浅間神社
⑬	久保田一竹美術館
⑭	船津胎内神社、吉田胎内樹型
⑮	富士ビューホテル
⑯	「谷崎潤一郎」文学碑

大学的富士山ガイド

――こだわりの歩き方

都留文科大学 編
加藤めぐみ・志村三代子・ハウエル エバンズ 責任編集

昭和堂

葛飾北斎《冨嶽三十六景　甲州三坂水面》東京富士美術館

新緑の畔　河口湖（撮影：小俣仁）

一九世紀の外国人が描いた富士登山
"Ascent of Fusiyama", in Rutherford Alcock, *The Capital of the Tycoon: A Narrative of a Three Years' Residence in Japan* (London: Longman, 1863), volume 1, p.424より

無戸室浅間神社（船津胎内神社）

現代に残る富士塚（品川）

カラマツの風衝樹形

クルマユリ

オオサワトリカブト

ベニバナイチヤクソウ

ムラサキモメンヅル

ギンリョウソウ

ヒメネズミ

カワネズミ

アズマモグラ

不思議なクルミの食べ痕

ニホンリス

ニホンリスが埋めたクルミの芽生え

猿橋から見たハツ沢発電所施設

田原の滝

久保田一竹美術館外観（写真提供：久保田一竹美術館）

芭蕉像と句碑　田原神社裏

富士山を切り裂く富士スバルライン

東漸寺裏山墓苑からの遠景
中央「富士みち」（国道139号線）の先に都留文科大学の建物、その裏山の稜線上に、かすかに富士山の影が見える。

はじめに
世界遺産「富士山」こだわりの旅
——文化と自然の観点から——

加藤めぐみ

二〇一三年に世界文化遺産に指定されて以来、富士山には世界中から観光客が押し寄せている。近年、その人種も国籍も多種多様となり、飛び交う言語も実にヴァリエーション豊かである。いまやグローバルな世界の縮図ともいえる時空間が富士山周辺に展開しているといっても過言ではない。そして登山シーズンには、ご来光を拝もうと頂上を目指す人々で五合目からの登山道は、初詣での明治神宮さながらの賑わいを見せている。この異常とも言える世界的な富士山ブームはオリンピックイヤーの二〇二〇年を機にさらに盛り上がりを見せていくことであろう。

本書、『大学的富士山ガイド』は「フジヤマ、ゲイシャ、ハラキリ、ニンジャ」のイメージを持って日本を訪れ、富士山に登ろうといった初心者向けのガイドブックではなく、より上級者に向けた「こだわりの富士の旅」の提案を目指している。「上級」とはいっても冬の富士山に登ろうとか、スタンダードなコースではない登山道を紹介しようというわけではない。この富士山ガイドは「学問的」な視座を持って富士山、および富士山周辺を歩こうという知的好奇心、学究心旺盛な旅行者・登山者・学生にこそ読んでいただきたい。その旅の案内役が大学の教員であり、それぞれの専門的、学問的な知識、研究に基づき、独自の視点から旅の指南をするから『〈大学的〉富士山ガイド』なのである。

公立大学法人 都留文科大学では「富士山に一番近い公立大学」として、長年にわたり、大学の教養科目、および専門科目の中で、地学、植物学、動物学、社会学、環境学、歴史学、文学、民俗学など、さまざまな観点から、富士山について講じられてきた。また「富士登山」は体育科目の選択肢の一つにもなっている。しかし、これまでそれらの授業がばらばらに行われていたので、この大学で富士山を体系的に学べるということをわかりやすく示そうと、二〇一九年度、文学部三学科改革室から「富士山学 履修モデル」を提示し、興味を持った学生たちが「富士山に近い大学」という立地を生かした学びに取り組めるようなシステムをととのえはじめている。そこで、そのような学問研究の起点、拠り所となるような書物をつくりたい、そうしたニーズに応える形で立ち上がったのが本書の出版プロジェクトなのである。

さらに世界中からやってくる留学生、旅行者、また彼らに富士山、日本文化を英語で紹介したい英語学習者、通訳ガイドのためにも役立つ本とするために、本書は「バイリンガル」での出版を決定した。都留文科大学の英文学科では二〇一六年度からはじまったグローバル・キャリア・プログラムのなかで、富士山、日本文化を英語で伝えられるようになるために「Introducing Mt.Fuji」「Introducing Japan」といった授業を導入した。また『Mt. Fuji Times』というフリーペーパーをバイリンガルで定期的に発行する編集グループを組織し、富士山・都留周辺の情報を、学内だけでなく、富士急行の駅でも配布。インバウンドの旅行者にも読者を広げている（バックナンバーは大学ホームページで閲覧可）。本書はそのような富士山を生かした大学での英語学習のバイブル的な役割も担うことになるだろう。そして留学生、旅行者にとっては学問的に富士山を学べるテキストとなるはずである。

本書は三部構成に英語版が加わったかたちになっている。構成を決める際、まずは「世界文化遺産」に登録された際のキーワード、「信仰の対象と藝術の源泉」としての富士山の「文化」的な側面を中心に据えつつ、「自然」を対置させようということはすぐに決定した。そこにいかに「都留」という要素を取り入れていくかが課題となった。コラムのかたちで本全体に散りばめるのがいいのか、一つのセクションになり得るのか、と検討を重ね、富士山のスペシャリストの先生方にご相談するなかで、信仰の対象としての富士山を考えたときに、大月から都留を経て富士山へと至る「富士みち」が富士講にとって欠かせない道のりであったことを知った。そうして第一部を「都留から富士山へ」とし、本書の冒頭を飾る富士講の巡礼の旅についての論考を、江戸の歴史学の第一人者である岩下哲典氏にご執筆いただくこととなった。

第一部「都留から富士山へ」では、「富士講と富士みち」の総論に続いて、富士講と関連した「胎内めぐり」を扱う。入山前に富士山の溶岩でできた樹型の洞穴を通り抜けると清められると同時に生まれ変われると信じられていたという富士講の興味深い一面である。次に、かの松尾芭蕉がかつて一時期、都留に住み、富士、都留についての多くの句を詠んだ、という歴史秘話を裏付ける句碑が紹介される。「芭蕉句碑をめぐる都留散歩」にしたがって都留市内を歩くと、芭蕉の目線で都留、富士を楽しむことができる。さらに「富士北麓と文人たち」では、富士山に魅了された文人たちとその作品が詳述される。そして富士山からの豊かな水資源を生かした都留の水力発電の歴史を「ピーヤ」という耳慣れない表現から紐解いた論考、コラムからは、都留の産業の意外な側面を知ることができる。

第二部「〈文化〉富士山を描く――いまむかし」では、霊峰としての富士山にインスピレーションを受けた人々、芸術家や外国人旅行者たちが、いかに富士山を描いてきたか、奈良時代の日本画から二一世紀の映像作品に至る「富士山表象」の広範な分析を通して、その文化的な影響力の大きさを検証した。まず「富士塚」の章では、江戸時代の富士登山ブームのなかで、リアルな登山が出来ない人々が、富士山に見立てて作られた「富士塚」に登ることで、富士登山と同じ御利益を得ようした富士山信仰のあり方を紹介する。関東圏に現存する富士塚では今もミニチュア版の富士登山を楽しむことができる。日本の開国期から二〇世紀初頭にかけての西洋における富士山の表象については、欧米の日本表象の研究者であるローレンス・ウィリアムズ氏に英語でご寄稿いただき、拙訳を日本語ページに掲載した。次章「描かれた富士山」では「藝術の源泉」としての富士山表象の系譜を、縄文時代から江戸時代、さらには横山大観に至る日本画の変遷のなかで辿っている。外国人観光客にも人気の高い月江寺の「新世界乾杯通り」の再開発についてのコラムは、『Mt. Fuji Times』編集長の赤羽美咲さんが取材・執筆を担当。映画における富士山表象については、世界的に知られる『ゴジラ』分析に照準を当てた論考に加えて、二〇一九年カンヌ映画祭に出品・上映された映画『典座―TENZO―』を企画・主演された耕雲院（都留市夏狩）の副住職、河口智賢氏に依頼し、作品に込めた「禅と食」への想いをご寄稿いただいた。

第三部「〈自然〉富士山の大自然と対峙する」では、最初に日本の「富士山学」を数十年にわたって牽引してこられた渡辺豊博氏に「富士山とは何か—世界遺産と環境保全」と題して、これまで富士山学が扱ってきた諸問題の概説をしていただいた。渡辺氏は一貫して富士山の「光」だけではなく「影」の部分に敢えて焦点を当て、富士山、ひいては地球環境の未来への警鐘をならしている。次章では「富士山の湧水」がなぜおいしいのか、その理由がわかりやすく解説されているので、ここで地質学的・科学的な論拠を学んだうえで、ぜひ都留周辺の湧き水スポットを訪れていただきたい。そして〈自然〉のセクション後半では、四季折々の富士の植物、さらには都留・富士に生息する多種多様な動物について、美しい写真とともに詳述されており、季節ごと、また一日の中で表情を変える自然の観察を楽しむためのガイドとなっている。コラムでは、富士山の姿が見えない雨の日でも富士の自然をアートの中で堪能できる空間として久保田一竹美術館を紹介している。

英文ページについては、日本語ページの全一〇章のうち、海外からの旅行者、留学生の関心が高いと思われる五章「富士講」「芭蕉句碑めぐり」「世界遺産としての環境保全」「富士の自然の楽しみ方」「動物観察」を選んで英訳。そこにウィリアムズ氏による西洋における富士山表象についての長めのコラム、月江寺の飲み屋街の再開発のコラムを加えた。

都留文科大学で長年培われた研究、教育の集大成とも言えるこの『大学的富士山ガイド』。読者の皆さんには、屋内で、教室で静かに読むだけでなく、ぜひこの本を持って都留散歩、そして富士山に出掛けていただきたい。あるいはこの本で学んだことを、世界から集まってくる旅行者、富士山に興味を持っている国内外のお友達に伝えていただきたい。本書を手にした皆さんが富士山、そして都留をなんども訪れたくなることを、そして、この地域に住む方々が、地元の良さを再発見し、富士山をもっと好きになり、街歩き、自然散策を楽しまれるようにと願っている。

最後に、原稿依頼からわずか数ヶ月でご論考をお寄せいただいた執筆者の先生方に心から謝意をお伝えしたい。このような奇跡が実現したのは、先生方の都留・富士山への愛、その素晴らしさを多くの人に伝えたいという熱意があればこそ、と感謝に堪えない。そして、カバーや口絵に四季折々の富士山の美しい写真をご提供いただいた写真家の小俣仁氏、この企画をスタートするきっかけ、要所要所で的確、かつ鋭いアドバイスをくださった志村三代子先生、さらには和文英訳を迅速かつ正確に仕上げてくださった英文学科長のハウエル・エバンズ先生、いつも穏やかな笑顔と関西弁、そして何より確実な編集作業で本書の完成をお導きくださった昭和堂の大石泉氏のご尽力に深謝しつつ、この本を世界が愛する富士山に捧げたいと思う。

本書は、公立大学法人 都留文科大学出版助成金の交付を受けて刊行した。

第3部 〈自然〉 富士山の大自然と対峙する

英文（巻末より）

第*1*部

都留から富士山へ

富士講と富士みち

岩下哲典

はじめに

近世日本の首都的な都市、江戸では、かなり多くの場所から、日本一の富士山を望むことが出来た。広重の『名所江戸百景』（図1）や『富士三十六景』を見ると、富士山はもはや、江戸の日常的な風景でさえあったように思える。江戸の富士見坂はなんと一八を数え、江戸後期には富士塚も数多く造られ、いつかは、あそこに見える、あの本物の富士山に登ってみたいと思う人々も多かったと思われる。

しかし、現在でも、天候が荒れれば、また万が一、噴火ともなれば、危険な山岳である富士山に、準備も案内も無くして登ることは不可能である。必ずは先達が必要だ。江戸か

図1　歌川広重「名所江戸百景」のうち「するかてふ」（足立区立郷土博物館所蔵）

ら富士の麓、都留郡内[1]までの道のり、都留から山頂、そして無事に江戸に戻って来るまでが大切なのだ。それは、今も江戸も変わりがない。

　ここでは、江戸時代から今日までの富士講と富士みちを辿ってみたい。まずは、江戸時代後期の富士講信者（導者、同行）の一般的な「登拝《とうはい》」をみていこう。いざ、江戸から富士の霊峰へ。

（1）　都留郡は、桂川中・上流域、現在の富士吉田市、富士河口湖町、都留市、大月市、上野原市などを指す古代の行政区分。「郡内」（ぐんない）は都留郡の内の意味で、甲府盆地は「国中（くになか）」と言う。

1　富士みちを辿る富士講の「登拝」

　明け方、江戸の町を徒歩で出発。五街道のひとつで、内藤新宿《ないとうしんじゆく》（現、新宿）を起点とする甲州道中に入る。道中、所々、富士山が見える場所もあり、「早くこちらの方へ」と富士が招くのか、足取りも軽い。やがて八王子宿にたどり着く。八王子は、千人同心の町。徳川家康が万が一の際、甲府に逃げるのに備えて警備と案内をするのが千人同心。幕府直属の郷士集団だ。千人同心は武田の遺臣でもあり、甲州道中に詳しい。千人同心らは、日

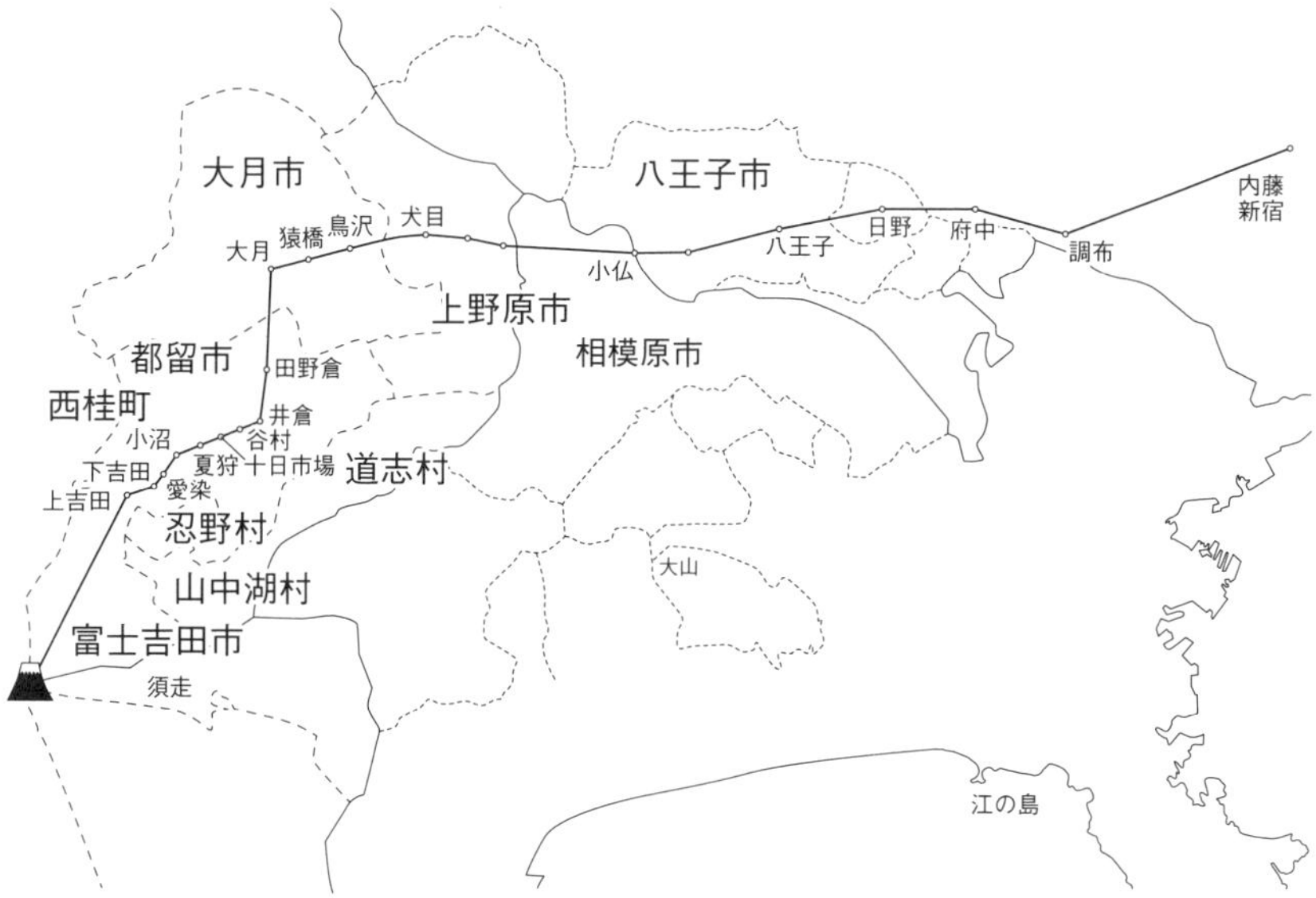

光東照宮の火の番や幕末には蝦夷地警備や北方開発、さらに長州戦争にも駆り出された。渡辺崋山の知人松本斗機蔵《ときぞう》もいて、なかなか学問レベルも高かった。

さて、八王子までは登りだが、比較的平坦な道のりだ。しかし八王子から高尾山の浅間《せんげん》神社に詣で、さらに小仏峠を越えなければならない。峠はつづら折りの厳しい山道が続く。頂上に柏屋、別名身禄《みろく》茶屋がある。富士講の大先達《だいせんだつ》食行《じきぎょう》身禄《みろく》（一六七〇～一七三三）が祀られている。(2) 小仏峠が武蔵と甲斐の国境、またここから富士に向かうことから「富士の関」「富士の峠」とも言われた難所だ。さらに甲州に入っても犬目峠が待っている。北斎の『富嶽三十六景』「甲州犬目峠」（図2）の雄大な情景が思い浮かぶ。旅人が富士を左

（2）食行像・厨子は、練馬区の江古田茅原浅間神社に現存している。もとは千住富士講信者が柏屋に寄進したもの。小宮佐知子編『特別展富士山』練馬区立石神井公園ふるさと文化館、二〇一五年参照。なお、本稿全体も、同書によるところが大きい。本図録は、最近の富士講の調査研究の画期的な成果である。

図2　葛飾北斎「富嶽三十六景」のうち「甲州犬目峠」（すみだ北斎美術館所蔵、画像提供：すみだ北斎美術館／DNP artcom）

に急坂を登っていく。荷物や旅人を乗せた馬も首を垂れて登る。

大月の手前には日本三奇橋(3)の一つ猿橋があって、広重の「甲陽《こうよう》猿橋之図」（図3）で、江戸でも良く知られていた。さすがに富士は描かれていない。猿橋と同時には富士は見えないのだ。しかし、猿橋下には精進《しょうじん》場、すなわち富士講信者の精進潔斎《けっさい》の場所があるので、沐浴をした。やがて大月宿に着く。ここは、言わずと知れた甲府への甲州道中と吉田への富士みちへの追分だ。大月を出て、無辺寺《むへんじ》のあたりからの富士山はまた格別だ。さすが霊峰富士はこちらの方向ぞ、と気持ちを新たに、さらに田野倉（現、都留市）、井倉、そして谷村《やむら》へ。谷村は、都留郡の中心地で、戦国時代は小山田氏の城下町。鳥居、加藤、浅野、また鳥居、そし

（3）　山口県錦川の錦帯橋と猿橋、富山県黒部川の愛本橋あるいは長野県木曽川の桟（かけはし）を三奇橋と言う。

図3　初代歌川広重「甲陽猿橋之図」（山梨県立博物館所蔵）

て秋元氏と城主が目まぐるしく交代し、江戸中期以降は幕府領として代官所の陣屋が置かれている。かつて俳聖芭蕉も来訪した。谷村では甲斐絹《かいき》が盛んに生産されていた。「甲州みやげに何もろふた、郡内しま絹、ほしぶだう」[4]とも謳われたものだ。機織りの音も聞きながら、十日市場、夏狩と進み、同所の身禄堂に詣でる。小沼《おぬま》（現、西桂町）にも身禄像（大田区大森に現存）を祀った茶屋林屋があった。愛染《あいぜん》（現、富士吉田市）、下吉田と富士みちの、そこそこ、きつい登りを進む。大月からの富士みちでは、見え隠れする富士を存分に楽しむことができた。かくして、とうとう上吉田の金鳥居《かなどりい》をくぐり、御師《おし》町の御師の家に無事到着。江戸を出て三日半ほどの道のりだった。なにしろ、金鳥居（図4）から先は富士山の聖地なのだ。身も心も弾む。旅の疲れも飛んだ。

すぐに御師に導かれて、裾野の御胎内《おたいない》なる岩穴に参詣。これは長谷川角行《かくぎょう》（一五四一～

（4）岩下哲典『権力者と江戸のくすり　人参・葡萄酒・御側の御薬』北樹出版、一九九八年参照。

図4　金鳥居からの富士山（富士山かぐや姫ミュージアム所蔵）

図5　富士山信仰の装束（国際日本文化研究センター所蔵）

図6　七合五勺烏帽子岩神社（ふじさんミュージアム所蔵）

一六四六）が発見し、浅間神社を祀った信仰の拠点だ。胎内で生まれ変わったような心持ちになる。かくして、御師の家に戻り、宿泊する。

ちなみに御師は、富士講信者に宿を提供するのみならず、富士山の神々と信者の仲介役であった。祈祷、祓い、占いなどを行い、護符を摺って江戸やその他の関東諸地域（下総・上総・安房・常陸・下野・上野）の信者を回って護符を配り、富士登拝を促した。時に櫛や扇子、帯なども進物としたという。まさに営業活動だ。近世初期には、領主や土豪を信者にもち、甲州道中のみならず、中山道、信濃、さらに美濃・尾張まで信者を擁した御師もいたという。吉田の御師は、通りに面して、短冊状の土地を持ち、奥の方に家屋があった。今も旧外川家《とがわけ》住宅など現存している。なお、吉田だけで約九〇人の御師がいたという。

翌朝早く、御師の家を出発、北口本宮浅間神社に詣で、馬返しで白木綿の浄衣《じょうい》（行衣）（図5）に着替え、「六根清浄《ろっこんしょうじょう》」を唱えて登る。六根とは、目・耳・鼻・舌・身・心で、それぞれに生じた罪悪を清めるという意味である。一合目の鈴原神宮参詣、二合目御室《おむろ》浅間神社、そして一気に五合目の小御嶽石尊鳥居前《こみたけせきそんとりいまえ》に出る。さらに、七合目五勺烏帽子岩《ごしゃくえぼしいわ》神社（図6）を経て、この日は八合目の萬右衛門《まんうえもん》小屋に宿泊した。翌朝山頂を極め、ご来光を拝し、まさに「六根清浄」して身が清められ、「生まれ変わり」を実感することとなった。さらに火口を回る御鉢廻りをして、釈迦の割石を詣で、五合目砂払《すなはらい》まで一気に下山した。再び上吉田御師宅に泊まり、翌日、裾野の角行修行の風穴人穴（現、富士宮市）、浄土山を参詣し、善右衛門宿に泊まる。翌日、同じく角行修行の地白糸の滝（同上）に詣で、東海道の吉原宿（現、富士市）に出て、箱根を越え、小田原、藤沢、保土ヶ谷、品川と江戸に戻った。全部で、一二、三日の行程だ。時に、伊勢原の大山阿夫利《おおやまあぶり》神社や江の島与願寺《よがんじ》や鎌倉にも廻って帰ることもあったらしいので、そうなると日数も金銭も嵩んだことだろう。江戸から比較的近いと言っても、富士山の頂きにまで登るのは、一生にそう何度もあることではないので、ついでに何でも見てやろう、体験しようということだったのだ。

2　富士講は民衆による富士信仰

これまで見てきた江戸時代の富士講は、それ以前の富士信仰とか山岳修験と呼ばれた宗教とはいささか様相が異なる。山岳修験は、どちらかと言えば、山中での孤独な修行が中心だが、富士講は集団で登拝するのが特徴だ。江戸幕府が最も嫌う「徒党《ととう》」に近い。

一七世紀初頭、長崎出身の角行が、役行者《えんのぎょうじゃ》のお告げで、富士の人穴に籠り、四寸五分四方の角材の上に、千日間立ち続けるという荒行を成し遂げたという。(5) この後、独自の教義をあみだし、江戸で流行した奇病を払って、多くの民衆の崇敬を集めたとされる。また、初代将軍徳川家康は角行によって導かれ天下を統一した、すなわち、天下泰平、天下の静《せい》謐《ひっ》は角行によってなされたのだという信仰も生まれた。角行は人穴で入定《にゅうじょう》（宗教的自殺）を遂げたともいう。伝説的な角行の登場によって、この後に、角行を慕い、富士登拝する民衆宗教的な富士講の流れが生まれたのである。

角行の教えは、村上光清《むらかみこうせい》（一六八二〜一七五九）と食行身禄に受け継がれた。

村上は、江戸の商人だったが、商人仲間を同行者として富士講を結び、大名や旗本などの富士山代参を務めた。豊かな資金により上吉田の北口本宮浅間神社を整備し、富士信仰

(5) 以下、富士講に関する記述は、岩科小一郎『富士講の歴史』名著出版、一九八三年、西海賢二『富士・大山信仰』岩田書院、二〇〇八年、大谷正幸『角行系富士信仰』岩田書院、二〇一一年、岩下哲典「江戸時代に流行した民衆信仰『富士講』と日本人本来の心の領域」『会報誌「WHA-MR」巻頭インタビュー集』世界遺産アカデミー、二〇一六年、高野利彦「近世の富士山」『近世史研究とアーカイブズ学』青史出版、二〇一八年、など参照。

を拡大させた。北口本宮は、以前から戦国大名武田信玄の信仰篤く、社殿・社領の寄進などを受けていたが、村上の寄進・整備によってさらに勢いを得たのである。この系統は富士講村上派（光清派）というが、食行の入定後は食行派が優勢となり、衰退した。

一方、その食行も伊勢国に生まれた商人で、通称伊藤伊兵衛と言った。富士行者月行の弟子となり、一六八七年の初登拝で「みろくの世の到来」を悟り、資産を処分して、油桶一つの行商人となって布教に専念した。食行の教えは「その身その身に備わりたる家職を大切に勤めよ」「家業が発展すれば、糧を得られる。糧を得ることで安心して生まれ変われる」と分かりやすく実践しやすいものであった。一七三三年、飢饉の中で入定を決意し実行、さらに多くの信者を得た。すなわち、真面目に働いて生活していれば、やがて富士山に登って生まれ変わって救われるのだという教えは、武士に支配される現世に不満をいだく江戸庶民に熱狂的に受けいれられたのである。

図7　一行お花肖像（講文書より）

食行の死後、食行派は、その娘花（図7）を戴き、さらに発展した。富士山は女人禁制だったが二合目御室浅間神社までは女性も許された。花も二合目までは登拝した。なお、富士講は男女の別なく富士講信者としており、山開きには、江戸の各地に築造された富士塚に登って頂きの神殿に参拝し、富士を信仰する風習が形成された。富士塚は、富士講信者が持ち帰った富士山の溶岩などで造られることも多かった。富士が見える場所に、富士登拝の疑似体験のために造られ、一合目から十合目まで目印が付けられることもあった。

花の教えは、伊藤参行《さんぎょう》（一七四七～一八〇九）や小谷三志《さんし》（一七六五～一八四一）に受け継がれていった。

特に三志は、富士山の水を用いた病気治療や線香占いをはじめ、護摩焚きや護符に対して疑問を投げかけ、実践道徳の積み重ねによって人間は救済されるのだと唱えた。そして、自分たちは、ふたつとない「不二考《ふじ》」を行う「不二道《ふじ》」であると教えた。三志の教えは、関東のみならず、甲信、東海、畿内、山陽、九州にまで広がり、数万の信者を得たという。かくして、不二道は、明治維新後、神道実行教と不二道孝心講に分かれ、信仰は継続された。

ところで、江戸幕府は、なかなかうまく宗教をコントロールしていた。例えば、仏教に関しては、本山末寺制度により各宗派内部を序列化し、本山を触頭《ふれがしら》として間接的に統治した。もちろん、キリスト教は厳しく禁止して、ほとんどの百姓を各寺院の檀那にする寺檀制に組み込んで、寺院を行政機関の末端に位置付けていた。幕府と寺社は持ちつ持たれつの関係にあった。

しかし、富士講はこうした幕府の宗教制度の枠外にあった。したがって江戸時代前期から度々富士講に対して禁令が出ていた。そのことに、逆に不安をもった富士講側が、正直に幕府に対して直訴した事件があった。すなわち、一八四七年、願人庄七が、大目付深谷盛房に駕籠訴《かごそ》したことには、将軍に食行の著作を読んでいただきたい、すなわち、富士講は幕府の体制を補強する上で、よい考え、よき宗教であり、富士講は幕府によってきちんと認められるべきだと主張したのである。当時庄七は人穴で断食修行に入っていたため、実際には代理人の巣鴨の田十《でんじゅう》らが取り調べられることになった。

これにより、彼ら富士講信者は二年間の長きにわたって取り調べを受け、ついに一八四九年、寺社奉行から、富士講全面禁止の御触書が出されるに至ったのである。三志の「不二考」も当然認められず、「内々心信の者」、すなわち、人知れず心の中で信仰している者さえも密告するようにという、厳しい禁止通達が出されたのである。藪蛇になったのである。

この禁令の背景には、「江戸八百八講、講中八万人」とまで称された江戸市中の富士講の大流行や九州までの全国的流布があり、幕府が最も懸念する「徒党」への恐れがあったと考えられる。この頃、アヘン戦争情報や西洋の捕鯨船などの異国船が頻々と日本近海に出没する中で、[6] 幕府当局者らは国内の不穏な動きや考え・思想・宗教は早くに芽を摘んだ方がよいと考えたのであろう。すなわち「徒党」の事前予防対策として禁止されたのである。ここには、幕初より存在した、キリスト教に対する恐れと同様の心性が、富士講に対しても見られるのである。それほど、富士講の勢力が拡大し、侮りがたいと考えられたのだとも言えよう。そして、禁令が出されても、その信仰は絶えることがなかったのである。

（6） 岩下哲典『幕末日本の情報活動』雄山閣、二〇〇〇年初版、二〇一八年普及版参照。

3 近代化のなかの富士講

世は、一八五三年ペリー来航、翌年日米和親条約、一八五八年安政五か国条約と幕府は外国と交際せざるを得なくなる。そして、来日した英国公使オールコックは、一八六〇年、富士山に外国人として初めて登山した。それこそ、富士山の神聖性が問われるような事態にもなりかねなかった。それでも、明治初期には富士講信者の群れが富士山に向かう様子が、御雇オランダ人リンドによって記録されている。[7]

七月から九月の間には、多くの巡礼旅行が行われる。すべての日本人は、振り鈴を首にかけ、あるいは腰に巻いて、富士山に登ると言う夢を持っている。この時期には、全員が鈴を鳴らしている集団に、道のいたるところで出会う。この東京でさえも。

これは、一八七四年八月の江戸(東京)の様子である。明治初期の東京でも富士講は、全く衰えていなかったことが理解される。ちなみにリンドは、利根川や信濃川、淀川の治水のために、一八七二年に来日し、一八七五年に帰国した。わずか三年ほどしか日本にいなかったが、日本に関する多くの有益な情報を、オランダ在住の、日本通の父親に手紙で送っている。リンドは、日本の自然を「素晴らしい絵画のような景色」と称賛し、中でも富士山は「神聖な山で、美しい円錐状の死火山」であり、「富士山の絵や掛物、または富

(7) 岩下哲典・小暮実徳「明治初期御雇外国人I. A. リンドの日本国内旅行」『Journal of Hospitality and Tourism』Vol.4 二〇〇八年。以下のリンド関係引用も同書。

士山が描かれた引き戸などを見ない家はほとんどない」と評している。いかに日本人が富士山が好きかということを報告しているのである。また、遠くから見た富士山の山頂には「ここそこに雪が散らばり、中腹が雲で覆われたり、またすっかり晴れ上がったり、また麓に雲が覆ったりと、いやはや崇拝したくなる。少なくとも登ってみたいと思った。同行してくれる人がいれば絶対に登っただろう」とも書いている。やはり遠くから見ていても、登ってみたかったのだろう。なお、特に、一八八二年ごろの静岡では、当時静岡に隠棲していた前将軍徳川慶喜に「富士山に朝日の水墨画」を描いてもらうのが流行していたという[8]。静岡の人にとって、好きな富士のみならず、慶喜さんに描いてもらうという、付加価値が付いたことが重要だったのであろう。

ともかく、明治以降、今日まで、日本人のみならず、外国人をも引き付ける富士山の魅力を、若いリンドは余すところなく記述している。

なお、明治中期以降、鉄道中央線の開通により、東京から富士北麓まで一日で行くことが出来るようになり、富士講の人々が上吉田の御師宅に宿泊することが減少したという。一九〇二年には、北口本宮浅間神社の宮司・氏子・御師の人々は、鉄道省に対して、七月二〇日から八月二九日の期間限定で、八王子・鳥沢《とりさわ》駅間での割引運賃を請願している。

この前年の一九〇一年に発行された『地理歴史作文理科応用　日本廻遊《かいゆう》修学旅行』(図8)を見ると、「富士の記」や「富士登山の記」が収録されている。特に後者は五頁にも及び、浅間神社、泉津《せんづ》、胎内穴、旗掛松、騮馬場、鎌岩、日出の光景、剣の峰が詳述されている。特に日出の光景は、現代語訳すると「東の方が既に明るくなって、色とりどりの雲が万里の海上に横たわっているのが見える。しばらくするとご来光を拝することが出来

(8) 岩下哲典編著『徳川慶喜　その人と時代』岩田書院、一九九九年。

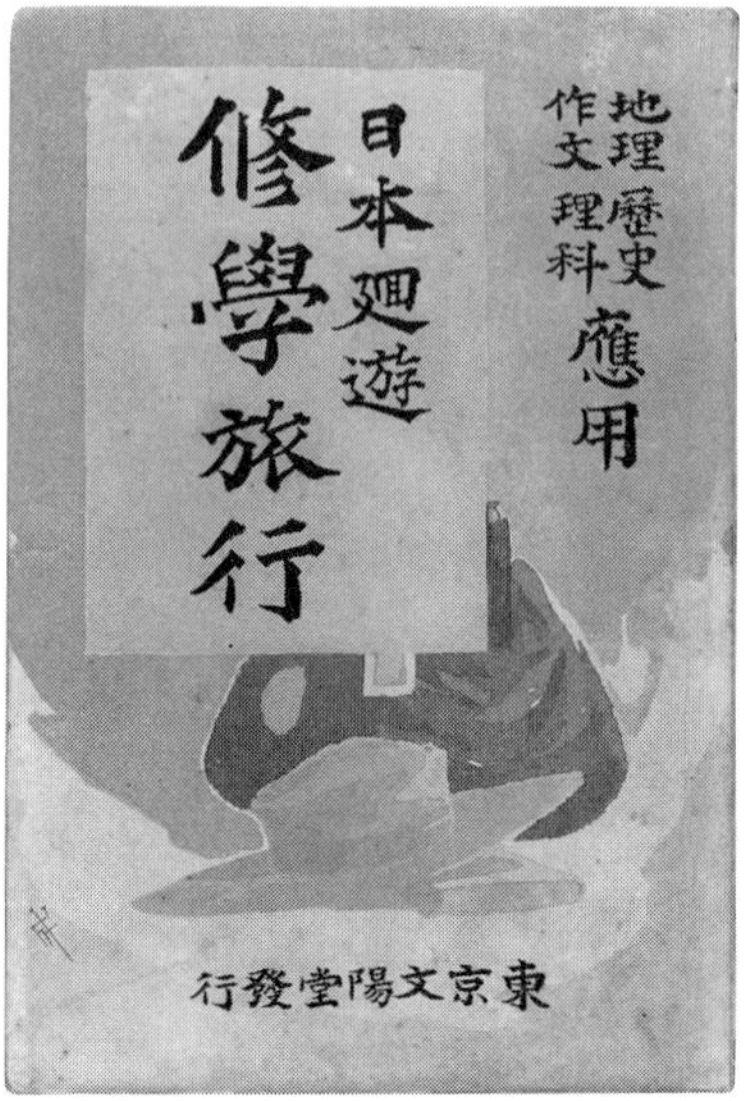

図8　日本廻遊　修学旅行（表紙）

る。その大きさは数十里のごとくで、地平線を離れてしばらくすると元の大きさになる」[9]と表現している。ことさらに誇っている表現ではなく、むしろ抑えた表現が、一体どのような光景なのか、かえって興味関心をひく。本書は修学旅行の指導書であり、全国各地の地理を説き、歴史を語り、作文の資料にもなり、理科にも応用できる、学生の旅行の友だと巻末の広告には謳っている。富士山登山も修学旅行に組み込んだ学校があったことがうかがえる。それもこれも鉄道が開通したことが大きい。

（9）谷口正徳『地理歴史作文理科応用　日本廻遊修学旅行』文陽堂書店、一九〇一年。

おわりに

かつては、江戸から三日半かかって麓までたどり着く富士講は、近代には往復時間を大いに短縮し、むしろ時間に余裕が生じた。そのため「富士五湖」と名付けられた河口湖・西湖・精進湖・本栖湖・山中湖において遊覧船等によるレジャー開発が行われ、周辺の観光地化も進んだ。さらには昭和に入って富士スバルライン、富士山スカイライン、中央高速道路など道路網の整備により、富士急ハイランドも開園して、富士山は気軽に行ける観光地になった。あまりにも気軽になり過ぎて、むしろ霊峰霊山としての神聖性が大いに希薄になってしまったように思われる。

したがって、二〇一三年の「富士山―信仰の対象と芸術の源泉」の世界文化遺産登録は、観光地以前の、信仰の対象としての富士山、芸術の源泉としての富士山を保護するという点で、画期的な出来事である。これを機会に、霊峰富士と富士講と富士みちの総合的な見直しが始まるとよいと思う。富士山をあらゆる面から総合的に研究し教育に活かすため、本稿[10]がその一助になればと思いつつ筆を擱《お》く。

(10) ほかに、上垣外憲一『富士山』中央公論新社、二〇〇九年、山梨日日新聞社編・刊『世界遺産登録　富士山　構成資産ガイドブック』二〇一三年、渡辺豊博『富士山の光と影』清流出版、二〇一四年など参照した。

column

富士山の「胎内めぐり」
――船津胎内神社で生まれ変わる――

加藤めぐみ

江戸時代、富士山山頂を目指す富士講信者たちは、登拝する前日、必ず富士山の「胎内」をくぐり「生まれ変わり」を体験したという。俗世から霊峰、富士山に入るには、心身を清めて穢れを祓う必要があるとされていたため、信者たちは御師の家に泊まって装束を身につけ、神前で祈祷を受けたり、湖や滝といった霊場を訪れ「禊ぎ」をしたりすることで、登拝の道中の安全、息災を祈願したが、そんな巡礼の旅のさまざまなステップのなかで入山直前の最終関門に位置づけられていたのが、この「胎内めぐり」だったのである。

図1　無戸室浅間神社（船津胎内神社）

富士山の「胎内」とされる神秘的な空間は、地質学的には「複合型溶岩樹型」と呼ばれる。「溶岩樹型」とは、噴火によって溶岩流が流れ出た際に、樹木を取り込みながら固まると同時に、その樹木が燃え尽きてできた樹型の空洞のことである。このような数本の樹木が同時に燃えて出来た「複合型溶岩樹型」は世界的にも珍しく、富士山周辺とハワイ島等数ヵ国にしかみられないそうだ。

「胎内」と呼ばれる溶岩樹型は静岡にもあるが、山梨の河口湖フィールドセンター近くにある「船津胎内樹型」は今でも「胎内めぐり」が体験出来る場所として、国内外の旅行者にも人気が高い。江戸時代に富士講の信者によって洞窟が発見され、その後、穴の入

図2　母乃胎内（河口湖フィールドセンターHPより）

口を守るようにして「無戸《むつ》室《むろ》浅間《せんげん》神社（船津胎内神社）」が建立された（図1、口絵3頁上）。「船津胎内樹型」は、貴重な自然の造形物として一九二九年に国の天然記念物に指定されているうえ、二〇一三年には富士山の自然と信仰が融合した場所として評価され、世界文化遺産「富士山」の構成資産にも指定されている。

　富士山の「胎内」をくぐると本当に生まれ変われるのか。期待と不安を抱きつつ、筆者自身、二〇一九年夏、ヘルメットを装着して、神社正面にある入口からその「胎内」に足を踏み入れてみた。まずは六メートル、肋骨状の溶岩の壮観な壁面が続く。クジラに呑み込まれたピノキオのように、富士山にパクリと呑み込まれたような感覚を覚えながら前進すると、左手に「母乃胎内」との書かれた道標が目に入ってくる。ここが胎内めぐりのクライマックス！　と意を決して、なかなか開かない子宮口のような小さな穴をぐぐっとくぐり抜け、狭く長い産道のようなトンネルを前屈みになりながら、二〇メートルほどヨチヨチ歩きをしていくと、その最奥部には子宮のような空間が広がり、「木花咲耶《このはなさくや》姫命《ひめのみこと》」が祭神として祀られている（図２）。神社の「無戸室」という名が「木花咲耶姫命」が出産した場所を示すという古事記の記述に由来していることもあり、胎内神社は子宝、安産のご利益もあるとされ、江戸末期の錦絵、歌川貞秀画「富士山胎内巡之図」には、天井の乳房のような形をした鐘乳石状の溶岩から滴り落ちる雫を妊婦のために持ち帰る様子が描かれている（図３）。全長約七〇メートルの「複合型溶岩樹型」の後半部、一五メートルほどの「父乃胎内」にも石仏が祀られている。

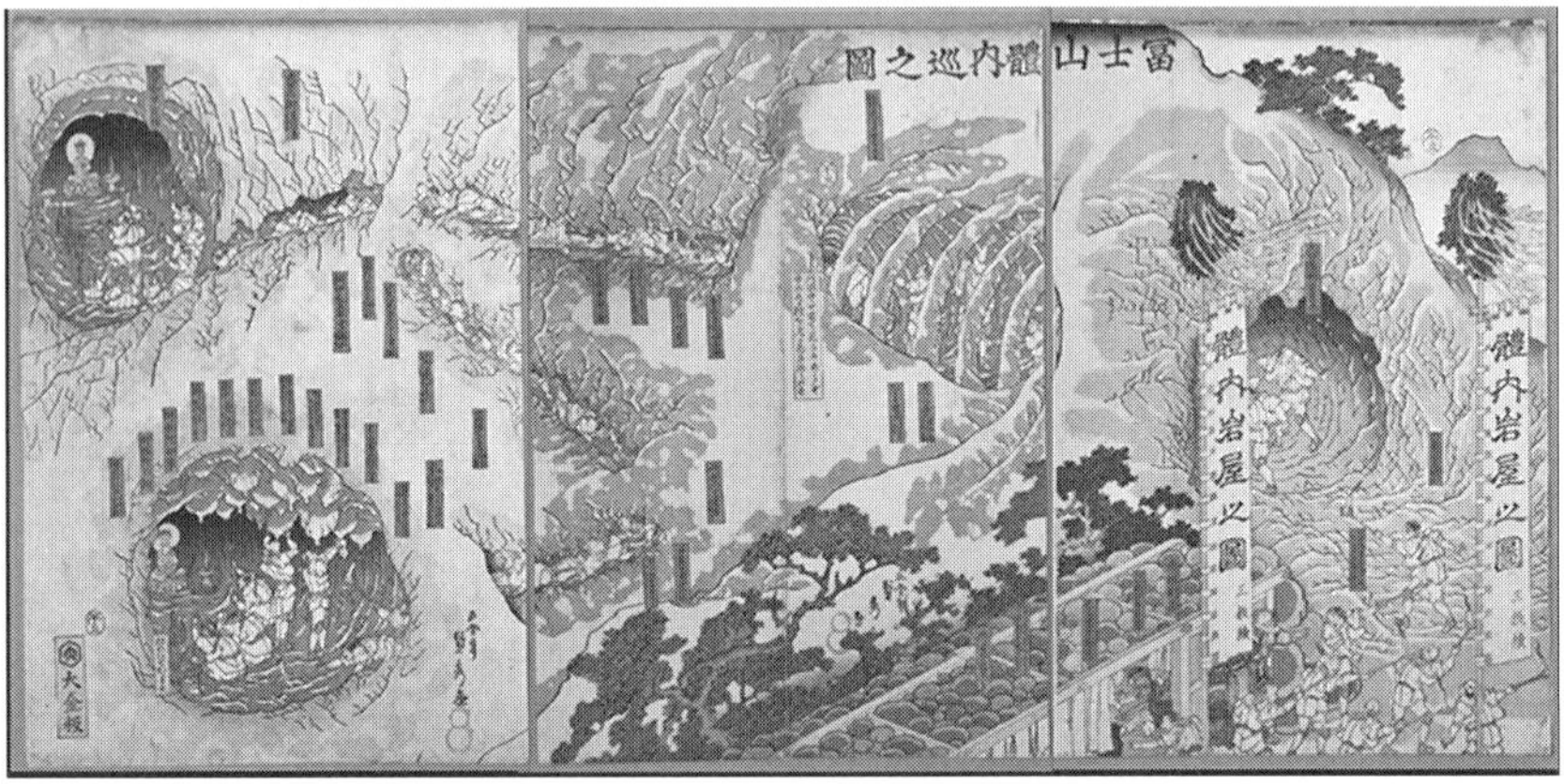

図3　歌川貞秀画「富士山胎内巡之図」（河口湖フィールドセンターHPより）

図4　船津胎内樹型の出口

横倒しになった樹木が数本交差しつつ複雑に入り組んで生まれた船津胎内樹型——自然が生み出した霊峰の御神体を通り抜ける経験は、ある種の通過儀礼のようで、明るい光が差し込む出口がみえたとき、自分が本当に生まれ変わったような爽快感を覚えた。気分をリフレッシュしたいとき、新しい自分に出会いたいとき、夏でも冷たく湿った静謐な富士山の胎内空間は、現代人にとっても特別なパワースポットとなるはずである。

芭蕉句碑を巡る都留散歩
――田原の滝から富士の見える坂まで――

加藤浩司

はじめに

筆者は二〇一六年度に都留文科大学国文学科の「日本文化史演習」という科目をもう一人の先生と共同で担当した。この科目は例年京都・奈良といった名所旧跡の多い地域を尋ねるツアー形式の短期集中型が多かったが、その年度、私は敢えて地元都留市内と、富士吉田市及び河口湖町周辺をそれぞれ半日から一日で回るツアーを学生達とともに企画・運営する試みを行なった。参加学生はわずかであったが、事前学習ではまず地元の観光パンフレットや地域情報誌を集め、図書館で地誌や郷土史、文学史跡巡りなどの書籍を探し、ネットでも各種情報を集めるなどしてパンフレットを作成した。ツアー当日は予想以上にガイドさんの説明が長かったり、バスが遅れたりしたものの、何とか無事に終了できた（ちなみにもう一人の先生は主に太宰治の旧跡を巡る都内の三鷹市・神保町方面の一日ツアーを企画、これも好評だった）。

参加学生は全員が山梨県外出身者であり、都留市内に下宿しているものの富士急ハイランドを知っている程度で、それ以外の地元の知識はほとんどなく、都留や富士山のこと、実は文学史跡が数多く残されていることを初めて知って、驚いたようであった。

その中で、都留市内での半日のツアーとして最初に企画したのが、「都留市内芭蕉句碑巡り」である。ここではそれに若干オプションを加えた新プランを考えてみた。

1　都留市と芭蕉

後に俳聖と仰がれることになる松尾芭蕉は天和二（一六八二）年、三九歳の時、江戸深川の芭蕉庵を大火で失い、当時の谷村藩（現在の都留市谷村町周辺）秋元家の家老で弟子の一人であった高山伝右衛門繁文（俳号を麋塒《びじ》といった）に招かれてその屋敷の離れ桃林軒に五か月ほど滞在した。その二年後の貞享元（一六八四）年の「野ざらし紀行」の旅の帰途にも谷村を訪れて麋塒に再会している。

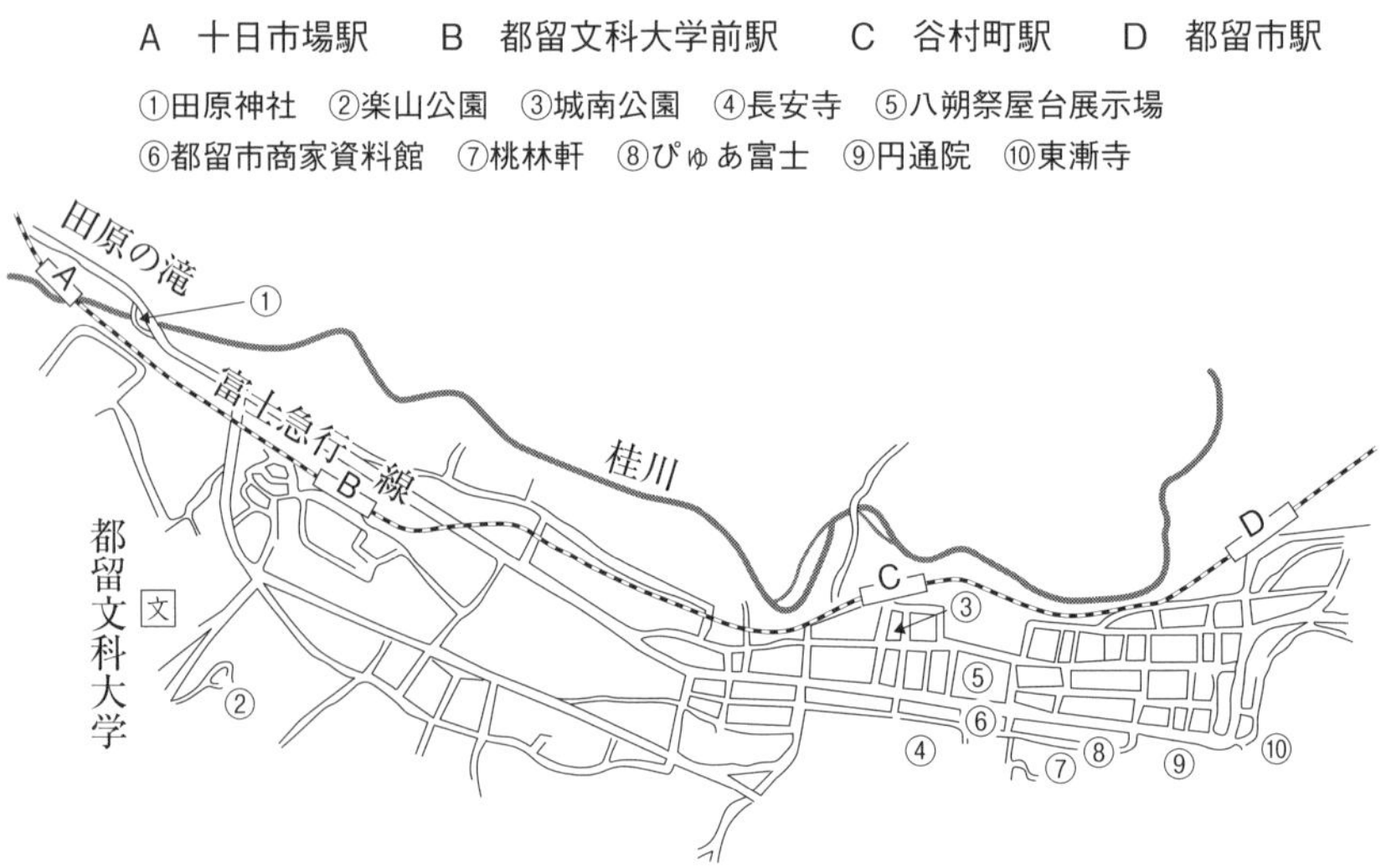

芭蕉句碑巡り略地図

この二度の谷村滞在の間に芭蕉と麋塒とが読み交わした句をはじめ、いくつかの芭蕉の句が、谷村町を中心に、都留市内各所の句碑に刻まれており、拝観することができる。ここでは足腰に少し不安の出てきた筆者のような方々にもお勧めの無理のない下り坂コースで、それらの句碑の巡り方を紹介していく。なお、掲載写真は全て筆者が撮影したものである。

2 十日市場駅から都留文科大学へ

まずは富士急行線の十日市場駅で下車し、国道一三九号線へ出て、都留文科大学前駅（以下文大前駅と略称）へと下って行くと、五分弱で桂川を渡る。向かって右側の旧道の方の橋に折れ、上流を望むと、「田原の滝」の全景が見渡せる。橋を渡って左側に「田原神社」という小さな社が見えてくるが、その手前（神社の裏手）に芭蕉の銅像と句碑が並んでいる（写真1）。句碑には

勢《きほ》ひあり氷消えては瀧津魚《たきつうを》　芭蕉

（滝の水に勢いがある。春となり氷柱も消えて今は瀧を魚が登っている。）

とある。昭和二六（一九五一）年建立、飯田蛇笏の書だそうである。

（なお、句等は漢字・仮名遣いなどそのまま活字化するが、読み仮名と濁点を適宜補うこととし、拙

写真1　田原の滝付近
田原神社裏　芭蕉像と句碑

訳を付した。）

中村俊定氏校注『芭蕉俳句集』（岩波文庫一九七〇）に拠ると、この句は「芭蕉の発句として伝来しながら、なお決定しがたいもの」である「存疑の部」にあり、かつ「句頭の番号下に＊印」が付いているので、「そのうちやや確実性のあるもの」として分類されている。「新虚栗《みなしぐり》」所載で、「春唫《しゆんぎん》」という題、「此句今までの撰にもれたるよし、但州《たんしう》より告り《つげた》」との注もあるとのことである。また「峡中之記」他に類句が六句見えるそうである。

国道を進み、「都留文大入口」交差点を右に折れて都留文科大学に向かう。「都留文科大前」の交差点をさらに右折し、坂を登ると右手に大学本部棟の赤レンガ風の建物が見えてくるが、そちらには行かずに左手の「うぐいすホール」の方へ向かう坂道をさらに少し登る。左側の山手に遊歩道の入り口が見えてくる。「楽山公園入口」とある。その遊歩道を登ってやや開けた平地に、木々の蔭になっていて気づきにくいが、黒御影石の立派な句碑がある（写真2）。

馬ぼくぼく吾《われ》を繪《ゑ》に見る夏野かな　　ばせ越《を》

（馬がぽくぽくと行く。自分をそんな風に夏の野原を行く馬上の人として絵の中に見ることだよ。）

前掲中村氏校注書に拠ると、「水の友」に「畫讃《がさん》」という題で「かさ着て馬に乗たる坊主は、いづれの境より出て、何をむさぼりありくにや。このぬしのいへる、是は予が旅のすがたを寫《うつ》せりとかや。さればこそ、三界流浪のも、尻おちてあやまちすることなかれ」

写真2　楽山公園内芭蕉句碑
「馬ほくほく／吾を繪に／見る／夏野／かな／はせ越」

という前書きの後、「馬ぼく〳〵我をゑに見る夏野哉」を載せる。「馬ぼく〳〵我を繪にみん夏野哉」という真蹟短冊も存在し、また別に「甲斐の郡内《ぐんない》といふ處《ところ》に到る途中の苦吟」として「夏馬《かば》の遅行《ちかう》我を繪に見る心かな」「夏馬ぼく〳〵我を繪に見るこゝろ哉」も「一葉集」に見えるらしい。最終的な形に落ち着くまでずいぶん推敲しているようである。

少し疲れたら、戻って大学横の喫茶「Buncham」でコーヒーを飲むもよし、お昼時であれば文大前交差点を右折してすぐの「石井」で「吉田のうどん」を食するもよし。ただし日曜日はどちらもお休みである。

元気が出たら文大前駅に向かい、大月方面行の電車を待ち谷村町駅まで移動する。

3　谷村町から都留市駅方面へ

谷村町駅を出て正面の道を北へ進むと右手に城南公園という小さな児童公園がある。その中に

行く駒《こま》の麦に慰むやどりかな　　ばせ越
（旅行く馬がご馳走の麦を食べて憩うている今日の宿りであるよ。私も同じ。ありがたい。）

と刻まれた句碑があり（写真3）、句の由来が書かれた案内板がある。前掲中村氏校注書に拠れば貞享元（一六八四）年の伊賀上野への旅を記した「甲子吟行（野ざらし紀行の別名）」

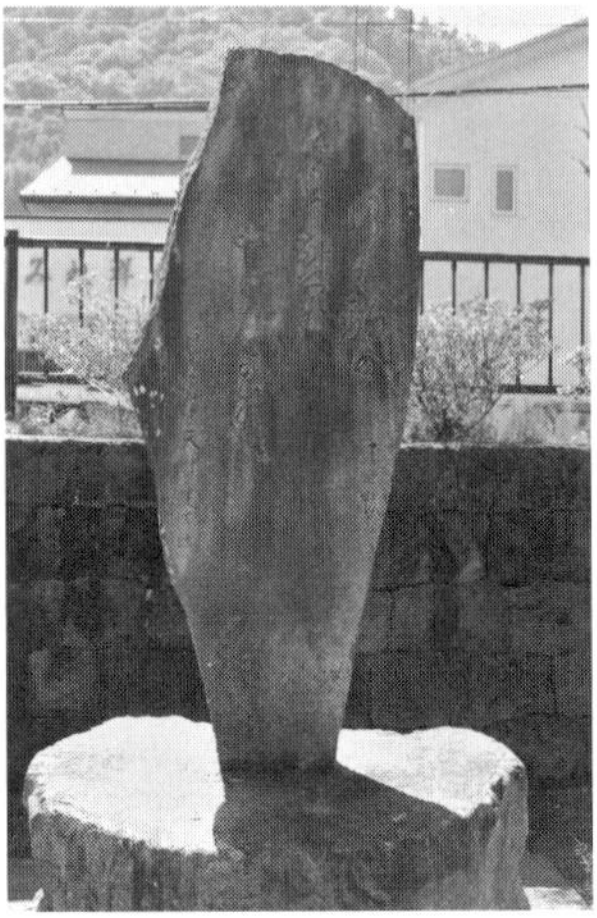

写真3　城南公園内芭蕉句碑

に載る句で、「甲斐の山中に立よりて」との前書きがあり、この時糜塒の元に立ち寄り再会した際の句ではないかというのが看板の推定である。

城南公園の道路を挟んだ向かいには「ミュージアム都留」があり、入館料二〇〇円で都留の歴史の概略がわかる。葛飾北斎が下絵を描いたと伝わる虎の屋台飾り幕や早馬町の屋台も常設展示されている。

ミュージアム都留を出てもとの道に戻り、少し北に進むと「富士みち」と呼ばれる国道一三九号線に出る。歩道もなく細い道のわりに交通量が多いので注意して欲しい。この道をしばらく大月方面へ進むと道の左側に八朔祭屋台展示場、右側（山手側）に都留市商家資料館が向かい合う場所がある。毎年九月一日に開催される八朔祭りで市内を巡行する屋台が三台展示されているし、都留市商家資料館は会館日時が限定されているものの、開館していれば館員の方が郡内織物の歴史をとても丁寧に説明してくださる。どちらも無料。

なお、取材した日は商家資料館の裏手を少し戻ったところにある長安寺さんにもお邪魔した。享保一〇（一七二五）年建築の本堂が立派である。昨日開花したというご住職自慢の有名な大賀蓮の孫となる株の美しい花（写真4）を鑑賞することもできた。

長安寺の前の山手沿いの道を下る。少し行くと山手に都留市まちづくり交流センターの建物が見えてくる。右折してセンターに向かうと、途中に左に折れる小道があり、「⇐芭

写真4　長安寺境内　大賀蓮　開花朝露

写真5　都留市ふるさと会館裏　復元された桃林軒

蕉翁寓居桃林軒」という大きな看板がある。看板通りに進んで行くと、何度か曲がるが、大きな建物（都留市ふるさと会館だと後にわかる）の裏手に平屋の小さな庵が見えてきた。この辺りが芭蕉の滞在した麋塒の邸跡であり、これはその一角に平成になってから復元された桃林軒である（写真5）。

　建物の周囲の庭には二つの句碑があり、手前のには

夏馬《かば》の遅行《ちかう》我を繪に看る心哉　　　芭蕉

（前出）

変手《かはりで》ぬるゝ瀧凋《しぼ》ム瀧　　麋塒

（代わる代わる涼む人々にも滝は水量が減って水がぬるんでいることでしょう。十分におもてなしできず残念です。）

という子弟の連句が、奥のには

深川の松も泣くらむ雪の梅　　芭蕉

（今頃深川に残してきた松、私の帰りを待っている弟子たちも泣いているだろうと、雪の積もった梅を見ると思われることだ。）

という句が刻まれている（写真6、7）。前者は前出「一葉集」所載の句で「天和三年の夏に芭蕉が谷村に流寓中、桃林軒で二度目の歌仙興行したときに得た四九吟の冒頭である」

写真6　桃林軒庭内 手前の句碑

写真7　桃林軒庭内 奥の句碑

と井伏鱒二著『岳麓点描』（彌生書房、一九八六）の「裾野を行く馬子」の最初に紹介されている。後者は前掲中村氏校注書に拠れば「存偽の部」にあり、「芭蕉翁句解参考」所載の句で「芭蕉庵は火の爲に破れて、ある人の許《もと》に春をわびけるに、軒の梅に雪の降《ふり》か丶るを見て」という前書きがあるとのこと。

　隣の建物に沿って正面玄関の方に廻るとその建物は都留市ふるさと会館、さらにその隣は「ぴゅあ富士」という山梨県立男女共同参画推進センターである。そのぴゅあ富士の正面玄関の左側手前に、立派な石碑が立っている。右側に「芭蕉流遇之跡」という文字が、正面には

　山賤《やまがつ》のおとがい閉《とづ》るむぐらかな

（甲斐山中の木樵はむっつりと口を閉じていることだ。蔓草原の中で。）

という芭蕉の句が刻まれている（写真8）。前出中村氏校注書によれば貞享二（一六八五）年の作で「甲斐山中」という題を有する「続虚栗」所載の句とのことである。左側に由来を記した案内板もある。前出井伏氏『岳麓点描』の「裾野を行く馬子」にもいわくありげに紹介されていて、面白い。

　山沿いの道をさらに下っていくと、すぐに円通院が山側に姿を表わす。当院は江戸時代に造られた「元坂の石橋」が庭園の池の上に復元

写真8　ぴゅあ富士玄関左手の句碑

写真9　円通院境内の芭蕉堂

されていて有名とのことである。その池よりも奥、これも有名な江戸時代の梵鐘を有する鐘楼前の藤棚の隣に、「芭蕉堂」という名札の掛けられた小堂がある（写真9）。格子戸の中を覗き込むと、小さな石碑が祀ってあり、文字が刻まれている。読むと

旅人と我名《わが》よばれん初時雨《しぐれ》　ばせ越

（これからは旅人と自分の名を呼ばれよう。折しも初時雨が降るよ。）

とある（写真10）。貞享四（一六八七）年の有名な「笈《おい》の小文」の旅立ちの餞別会で、神無月《かんなづき》の初《はじめ》、空定めなきけしき、身は風葉の行く末なき心地して、

旅人と我名《わが》よばれん初しぐれ
又山茶花《さざんくわ》を宿《やど》〳〵にして

写真10　芭蕉堂内部の句碑

（引用は中村俊定氏校注『芭蕉紀行文集』岩波文庫、一九七一より）と詠まれた有名な発句である。小林貞夫氏著『都留のいしぶみ』（一九八五発行）に拠れば、裏面に「十月十二日　嵐雪三世居　二代六花庵建立」とあり、「嵐雪三世」は大島蓼太《りょうた》（一七八七没）、「二代六花庵」は二世陶官鼠（一八〇三没）であり、

寛政初（一七八九）年頃に建立されたものと推定している。なおこの句碑は昭和四〇年頃円通院の石垣改修のときに発見されたものという。一時は石垣の石の一つにされていたかと思うと、ここに再度建立され小堂に祀られたのは幸いなことであった。

さらに山沿いの道を東に進むと突き当りとなる。左に折れてしばらく下ると右手に東漸寺が見えてくる。当寺は日蓮宗のお寺で、江戸末期天保七（一八三六）年の甲州一揆に関わった農民の鎮魂のために建てられた石碑と題目塔が有名である。今日はそちらではなく、山門をくぐってすぐ、境内の左手木々の中にある句碑に向かう（写真11）。

松風の落葉か水の音涼し　芭蕉
（松を吹く風に落ちる木の葉の音だろうか。水の音が涼しげに聞こえて来るよ。）

人は寝て心ぞ夜は秋の昏《くれ》　麋塒
（他人は寝ているが、自分は心が満ち足りるまで秋の夜の風流を味わっているよ。）

前掲中村氏校注書では前者は貞享元（一六八四）年の作で「蕉翁句集」所載の句という。

この東漸寺の本堂の裏側には山の斜面にかけて墓苑が設けられている。その墓苑を山の中腹の辺りまで登り、正面を見ると、富士みちが真っ直ぐに通っている延長線上に、都留文科大学の赤い壁の本部棟が望まれる。そしてさらに天気に恵まれれば、大学の裏山の稜線の上に、ぽっこりと富士山の頂きが顔を出しているのが見えるだろう（写真12）。実はここまで登らずとも、円通院を過ぎて少し歩いた坂道の途中から、振り返れば富士山はその頂上をのぞかせ始めていたのだ。今回の案内では

写真11　東漸寺境内の句碑

写真12　東漸寺裏山墓苑からの遠景
中央「富士みち」（国道139号）の先に都留文科大学の建物、その裏山の稜線上、雲の端にかすかに富士山の影が見える。

富士山はなかなか出てこなかったが、最後の最後に、都留文科大学付近からは見られない富士山を見られるスポットを紹介できた。
このあと「富士みち」を少し戻り、「手作り和洋菓子ならや」さんのシュークリームか、「御菓子司すがや」さんでかりんとう饅頭を買ってお土産にするのがお勧めである。富士急行線都留市駅までは東漸寺前の道を北へ五分程歩けば着ける。

付けたり

なお、今回はルートの関係で紹介しなかったが、谷村町駅から文大前駅方向に少し戻ったところ、山手にある「つるの子公園」にも句碑があり、次の連吟が刻まれているとのことである。

胡艸《へぼちぐさ》垣根に胡瓜もむ屋かな　　麋塒
（へぼな草しか生えない垣根の辺りで、胡瓜を塩でもんでお出しすることくらいしかできない田舎家ですうちは。）

笹おもしろや卯の実むらさめ　　一晶
（笹が趣深く生え、卯の花の実も村雨のように降り落ちています。すばらしいところです。）
ちるほたる沓にさくらを掃《はら》ふらむ　　芭蕉

（螢が数多く飛び散らばり足元に散り落ちた桜の花びらを掃っているかのようです。）

これらは前出井伏氏『岳麓点描』の「新倉掘り抜き」で芭蕉の谷村滞在時における「句会第一回目の歌仙の冒頭三句」であると紹介されている。典拠は確認できない。

さらに「富士山を詠」った句としては、今回のルートから外れており、かつ富士急行線の駅からも少し遠いため自動車の利用をお勧めするが、東桂地区の宝鏡寺には

目にかゝる時やことさら五月《さつき》富士　　芭蕉翁

（あなたにお目にかかる時をことさら待ち受けたかのように、五月の富士山の姿がみごとです。）

と刻まれた句碑がある。前掲中村氏校注書に拠れば「芭蕉翁行状記」に見える句で、「箱根の関越て」との前書きがある。また前出小林氏『都留のいしぶみ』に拠れば、裏面には「文化十三年丙子六月　当郡下暮地村　□□　清文建立」とあり、「文化十三（一八一六）年六月に下暮地の俳人桂樹亭清文が、故人となった師匠か、俳人であった身内の供養の為に芭蕉の句と並べて建てたものであろう。（中略）たぶん宝鏡寺とは墓檀家の関係で境内に建てたものと思はれる」と推定している。

同じく自動車か都留市駅からの循環バスの利用をお勧めするが、都留市戸沢地区にある「芭蕉月待ちの湯」には男女露天風呂内にそれぞれ芭蕉の句碑があり、

名月の夜《よ》やさぞかしの宝池山《ほうちやま》

（名月の夜だとしたらさぞすばらしいと思われるこの宝池山であるよ。）

と刻まれているそうである。芭蕉が谷村滞在時に当地で月を見て詠んだ句と紹介されているが、典拠は確認できない。

〔参考文献・参考ホームページ〕
井伏鱒二著『岳麓点描』彌生書房、一九八六年
小林貞夫著・発行『都留のいしぶみ』一九八五年
中村俊定校注『芭蕉俳句集』（岩波文庫）岩波書店、一九七〇年
同前『芭蕉紀行文集』（岩波文庫）岩波書店、一九七一年
サンニチ印刷クリエイティブルーム企画・制作『山梨県都留市　市勢要覧99　歴史絵本　Tsuru Book』一九九九年
都留市役所産業課『「都留市を歩こう！」おさんぽガイドブックつるさんぽ』二〇一九年
都留市観光協会山梨県都留市役所産業課『山梨県都留市GUIDOE BOOK　都留』二〇一九年
都留市公式サイト「松尾芭蕉句碑」URL
https://www.city.tsuru.yamanashi.jp/shimin/shougaisupo/shogaigakushu/9974.html　（最終アクセス二〇一九年八月一五日）
山梨県都留市の天然温泉【芭蕉月待ちの湯】公式サイトURL
http://www.tsukimachi-onsen.com/　（最終アクセス二〇一九年八月一五日）

column

文学散歩　富士北麓と文人たち

小石川正文

富士の北麓への人々の往来は、いつ頃からどのような形で始まったのであろうか。平安時代の「富士山記」（都良香《みやこのよしか》・『本朝文粋』巻一二）には富士山火口の描写があり、誰かが登ったと想像される。江戸期には富士講が隆盛となり、地元の川口（河口）、吉田の御師と文人墨客の交流も見られ、来麓の賀茂季鷹の『富士日記』には、富士浅間神社の神官、御師たちの様子が描かれている。松尾芭蕉は、一六八二（天和二）年、江戸の大火による芭蕉庵焼失に際し、郡内谷村（都留市）の俳弟高山宅に一時寄寓し、檀一雄も一九一二年、谷村に生まれている。

大正初年、島津公爵家は河口湖畔に別荘を構え、河口湖を「天下第一之湖」として紹介し、梨本宮家をはじめ、その後の別荘誘致、河口湖の知名度の向上に繋げた。北麓ゆかりの文人の筆頭は、井伏鱒二、太宰治であろうか。『岳麓点描』、『富嶽百景』など、この地を扱う作品を数多く発表している。富士スバルライン開通の、昭和四〇年前後から、作家たちは夏も冷涼な北麓に別荘を求め、武田泰淳・百合子夫妻は、この地を舞台に、泰淳は『富士』、百合子は『富士日記』を書き、大岡昇平も武田の近くに山荘を持ち、『成城だより』でここでの生活ぶりを描いている。北村透谷は、『文学界』創刊号に「富嶽の詩神を思ふ」を発表し、小島烏水には、「河口湖畔の不二」がある。松方三郎は、吉田の火祭りの晩には、上吉田刑部旅館に好んで滞在し、三島由紀夫も取材のため来麓し、「暁の寺」には、北口本宮富士浅間神社が登場する。富士北麓を語るとき、富士山頂観測所に勤務経験のある新田次郎や、『海』の編集長として、三浦哲郎らと井伏鱒二の取材に同行し、武田百合子の『富士日記』にもしばしば登場する近藤信行氏（元山梨県立文学館長）をも忘れてはならない。

河口湖畔にある富士ビューホテルの宿帳には、一九四二（昭和一七）年九月二五日に谷崎潤一郎が宿泊した際

写真1　谷崎潤一郎文学碑　開いた本のデザインに自筆の『細雪』の一節を刻む。

写真2　田中冬二詩碑　滞在時の作品を自筆で刻む。

の自署が残されており、その経験が『細雪』に反映され、谷崎夫妻が散策したであろう湖畔には、谷崎の自筆で、本を開いた形のデザインに、作品の一節を刻んだ文学碑がある（写真1）。昭和一〇年代、谷崎夫妻の滞在と同じ頃、田中冬二、堀口大学、長谷川巳之吉らは河口湖畔に疎開や滞在、相互に交流をしている。谷崎の文学碑の近くにある詩碑は、田中冬二が同ホテルの宿泊時に、「スープに浮かんだ富士」をモチーフに詩を作り、皿に浮かぶ逆さ富士の姿を御影石に表現したものである（写真2）。彼らは終戦後もしばしば訪れたのだが、堀口の毎夏の滞在先が河口湖から山中湖に変化しているのも興味深い。

　草野心平は、氏の代名詞ともされる題材の富士を生涯にわたってうたい、書や絵画にも残している。中村星湖は富士河口湖町河口出身。仏文学の翻訳、演劇評論等、活動は多彩である。李良枝は西桂町生まれ、一九八九年、「由熙《ゆひ》」で第一〇〇回芥川賞を受賞している。現役では、西洋美術史家の小佐野重利氏（東大名誉教授・元文学部長）は、富士河口湖町勝山の出身である。

　一方、山中湖畔には高浜虚子が六二才の初秋より来訪し、最晩年まで毎年夏を過ごしたという。同じく俳人富安風生もこの地にゆかりがある。歌人土屋文明も山荘があり、長男は当時富士吉田に勤務していた。徳富蘇峰もこの地に滞在し、堀内良平翁との交流、報湖祭、都留市の蒼竜峡の命名者でもある。詩人金子光晴は戦時中、平野に疎開している。

野上弥生子は、一九二二（大正一一）年夏、精進湖畔に滞在、その見聞を小説「澄子」等に描いている。本栖湖からの富士山を撮る「湖畔の春」の岡田紅陽は我が国を代表する写真家である。

ここに挙げた人々は、富士北麓ゆかりの文人のほんの一例であるが、富士山は古来、人々の心の中に何かを起こしてきた。それはこれからも同じであろう。秀麗なその外見以上に精神性、すなわち形而上的な何かが『聖徳太子絵伝』において甲斐の黒駒に乗る太子を富士山へと登らせたのである。

〔参考文献〕
山梨県立文学館『富士百景—その文学と美—』（企画展「富士百景—その文学と美—」図録）、二〇〇一年
久保田淳『富士山の文学』（文春新書）（株）文藝春秋、二〇〇四年

水力発電所と技術の伝播
――「ピーヤ」から始まる時空の旅――

山口博史

1 「ピーヤ」の由来

「ピーヤ」とは何だろう。二〇一八年二月二四日に、都留文科大学で行なわれたフォーラムで、私はこの語を初めて聞いた。山梨県都留市内のことについて出た「ピーヤ」というひとことだった。聞いた限りではどこか場所の名前のようだ（このときの模様は山口（ほか）『地域交流研究年報』第一四号、二六頁に記録されている）。[1] よそから移り住んできた者には、不思議な響きの言葉と感じられた。

『都留市地名事典』には、「pier」というアルファベット表記が示され、「橋脚を意味する」と述べられている。[2] また八四頁には「俗称「ピーヤ」」という記述もある。[3] pierで橋脚と

（1） 山口博史・益子邦子・山口哲夫「平成二六（二〇一四）年山梨県大雪をふりかえる」『地域交流研究年報』一四号、二〇一八年、三～二五頁。

（2） 都留市郷土研究会「都留市地名事典」『郡内研究』二一・二二（合併号）二〇一二年、一二四頁。

（3） 同右、八四頁。

いえば英語ではないだろうか。なぜ、住民が日常的に用いる語（少なくともそのように聞こえた）に、英語が混じっているのか。

ずいぶん昔の話になるが、大学院生時代に土木工学を専門とする学生や教員と話をする機会がしばしばあった。私の専門は社会学だったけれども、工学研究科の人たちとも個人的に交流していたためである。その時の経験から、この英語は土木工学関係の語彙に由来するのではないかとにらんだ。今にして思えば、この組み合わせはある種のセレンディピティ[4]の産物だったかもしれない。ごく小さなセレンディピティだ。

好奇心のエンジンがかかるときというのはこうしたささいなことがきっかけになる。図書館に収められている土木工学関係の古い用語集をインターネットで探した。近年は大学に居ながらにしてこうした情報が入手できる。何度か検索を繰り返して、国会図書館デジタルコレクションに『鉄道土木建築機械用語かな引：日英対照』[5]という古い書物があるのを発見した。出版年は元号でいえば明治三〇年である。さっそく閲覧の手続きをとり、内容を確認した。土木工学関係の用語が日本語と英語で並べられている。時代というものだろうか、配列はイロハ順である。果せるかな、同用語集に「ピーア　Pier　橋脚」[6]という文字を発見した。

国会図書館デジタルコレクションでは、他に『発電水力学大意』[7]、『英和獨佛・獨和英佛土木建築用語新辭典』[8]も目にとまった。どちらも土木工学の専門書である。前者には「ピーヤ」という節があった[9]。同節では水流の中の橋脚が引き起こす抵抗のこと、波紋について、また橋脚によって水の流れに影響が生じることが述べられている。後者では「pier」を「橋脚」とする[10]。どちらも一九三〇年代の本だ。このころには少なくとも土木工学の専門家の

（4）偶然から生まれた発見や着想のこと。

（5）内田録雄編『鉄道土木建築機械用語かな引：日英対照』建築書院、一八九七年。

（6）同右、一七二頁。

（7）山里尚行『発電水力学大意』淀屋書店、一九三七年。

（8）建築資料研究會編『英和獨佛・獨和英佛　土木建築用語新辭典』太陽堂書店、一九三八年。

（9）山里前掲書、一一～一二頁。

（10）建築資料研究會編前掲書、一七九頁。

間では橋脚のことを「ピーヤ」と呼ぶことがある程度定着していたものであろう。

ここまで調べてきて、「ピーヤ」の由来についてはある程度分かってきた。しかし書籍や資料だけでは分からないことがあるものだ。現地の様子がつかめないので、自分の考えていることが茫漠としているのである。先にも述べたが、私の専門は社会学である。社会学では（実際は社会学に限らずフィールドワークを行なう分野全般に言えることだが）、実地の状況を重んじる。その強みを活かさない手はない。少し時間を見つけて「ピーヤ」なるものがある場所まで足を運んでみることにした。

ピーヤは都留文科大学前駅からは一kmあまりの場所にある。谷村町の駅からは一km弱で、そちらからは徒歩で一〇分程度ではなかろうか。林に囲まれていて多少わかりにくい場所だが、都留市上谷の西願寺というお寺の裏手の山だ。道順を調べ、徒歩で向かうことにした（地図参照）。

2 「ピーヤ」を歩く

秋の曇りの日だったので、難なく現地についた。軽いウォーキングにはちょうど良い時期である。畑のわきにある細い道に続く階段を上ると、峠になり小さな社がある。後にこの神社は大室神社と呼ばれていることを知った。その後ろに巨大なコンクリートの構造物がある（写真1）。陸橋である。これがピーヤだろう。写真では伝わりにくいが、すごい迫力である。地域的生活に根ざしたものというよりは、さ

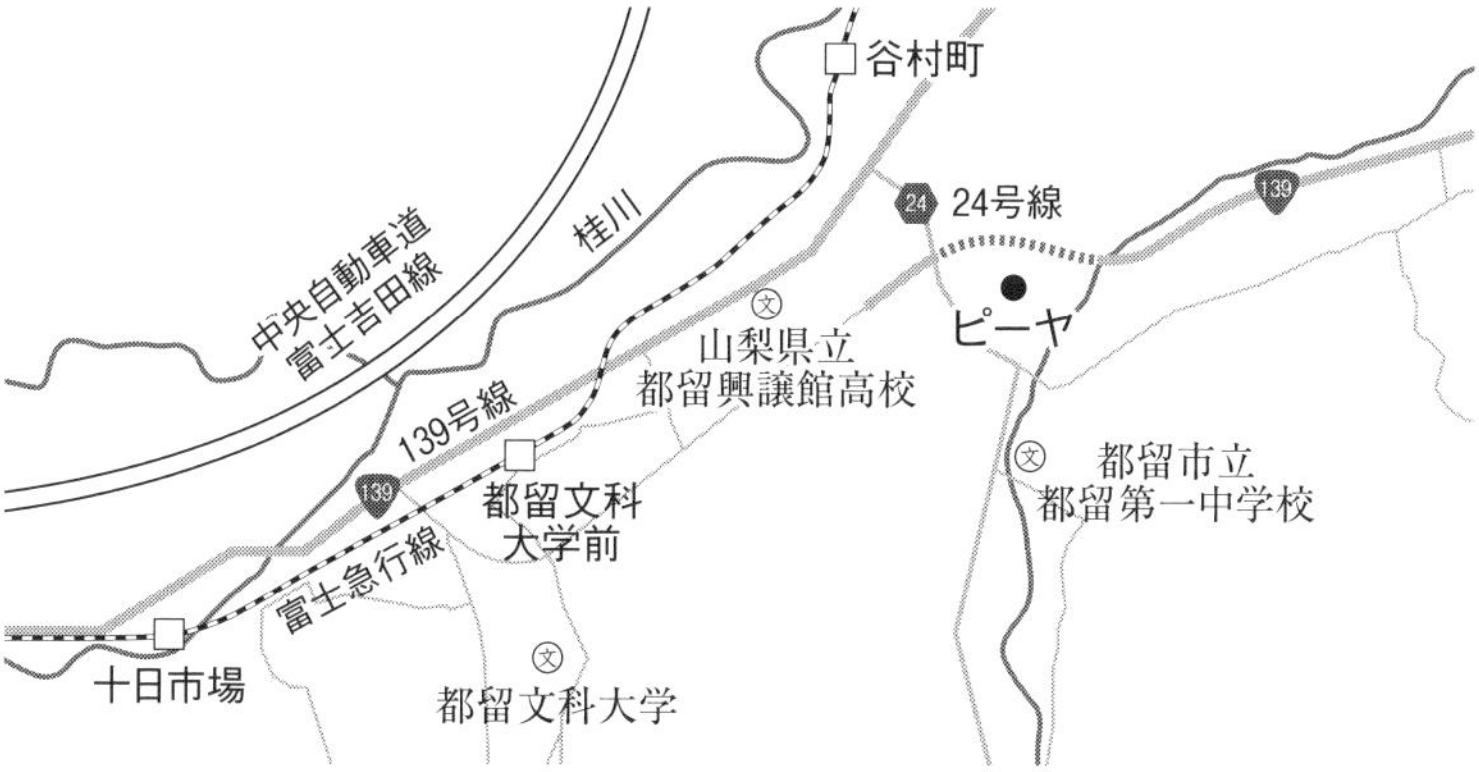

写真1　ピーヤ

らに大きな構造の一部がここに露出しているとも見える。一見の価値が十分にある。写真の好きな人であれば、構図を考えて写真撮影を行なうのは楽しいだろう。また絵が好きな人であれば、季節を選んで写生に来るのもよいだろう。

　橋脚の下はくぐり抜けられるようになっている。橋脚のわきに都留市役所産業課による案内板と都留アルプス会による立札がそれぞれ並んでいる。市役所の案内板には、ここが「都留アルプス」の一部をなすものだということが地図入りで示されている。先ほど登ってきたのは「鍛冶屋坂」と呼ばれるようだ。やや古い言葉で峠のことを坂ということもあるから、この峠あたり一帯のことを指す地名であるのかもしれない。「ピーヤ」横の社には石仏がいくつか並んでいる。

　都留アルプス会の立札はこの陸橋が「鍛冶屋坂水路橋」という名前で、通称「ピーヤ」であることを教える。立札によれば、この陸橋は一九二〇（大正九）年に竣工したとある。またこの陸橋が電力会社[11]による水力発電設備の一部であり、山中湖から上野原までこの水力発電のための水を通す水路が続いていることを示している。ピーヤは、上部に水を流すための橋なのだ。規模や年代、通した水の用途は異なるが、南フランスにあるローマ時代の水道橋（例えばポン・デュ・ガール（Pont du Gard）や熊本県の通潤橋と似通ったものな

（11）　実際には東京電力の発電設備の一部である。ピーヤの直後にある谷村水力発電所の出力は約一万五〇〇〇kWである。なお谷村水力発電所の出力は域内の発電所出力の中央値（六三五〇kW）より大きい。詳細は http://www.tepco.co.jp/electricity/mechanism _and_facilities/power_generation/renewable_energy/hydroelectric_power/list.html を参照のこと（最終アクセス二〇一九年八月二二日）。

写真2　猿橋

写真3　猿橋からみた八ツ沢発電所施設

のである。
　都留アルプス会の立札からはさらに二つの示唆を得ることができる。ひとつめは大月市にある猿橋からの景観のことだ。猿橋（写真2）は桂川にかかる珍しい構造の美しい橋である。この橋の中ほどから下流側を見るとかなりの水量のあるコンクリート製の水路を目にすることができる（写真3）。この水路は八ツ沢発電所施設と呼ばれ、国指定の重要文化財なのだが、[12] ピーヤの水路はここにつながっているのだ。またこの水が桂川水系のものということは、この水力発電設備が成り立つ基盤は富士山の湧水にあるということだ。都留に外来語の地名が残された理由も、もとをたどれば富士山に由来するのである。驚きというほかはないだろう。[13]
　ピーヤの橋脚をくぐり抜けて振り返ると切り通しになっている（写真4）。切り通しが作られた年代は不明だが、切り通しを先に進むと都留市開地地区の景色が広がる。現在はこの下にトン

（12）　http://kunishitei.bunka.go.jp/bsys/maindetails.asp?register_id=102&item_id=0003952（最終アクセス二〇一九年八月二〇日）による。

（13）　なお、富士山からの水利用について、歴史的には河口湖の湖水活用を行なった新倉掘抜（河口湖から現代の富士吉田市にあたる地域間の隧道）もある。この事業は谷村藩（現在の都留市谷村を中心とする）の秋元氏により元禄期に着工され、その後紆余曲折あり、工事は幕末までかかった（萱沼英雄、『富士北麓開拓史 新倉掘抜』、新倉掘抜遺跡保存会、一九六六年、三〜四頁）。

写真4　切り通しからのピーヤ

ネルが作られ交通が便利になっている。トンネルがなかった時代は、近くに住んだ人びとはこの峠を通って往来したものであろうか。

ともかく、現地を実際に見て、課題がよりはっきりしてきた。つまり技術に関する語彙、近代化と深いかかわりのある語彙が、いつ、どのように、民衆の日常に届いて活力ある言葉として定着するに至ったのかということだ。地味だが、日本やこの地域の近代化を考えていくうえで大切な点だ。この陸橋が竣工した一九二〇年がひとつの鍵となる年代となりそうだ。刺激のせいか、軽いめまいがした。

私は調べものにのめりこんでいくこの瞬間の感覚を大切にしている。学術的な文章を書く際には、この感覚を細かく表現することはない。しかし、漠然とした問題意識から明らかにすべきポイントを明確にしていくこの過程はとても大切である。研究活動の過程のうち、この局面は何度経験しても興奮を呼び起こすものといっていい。同意してくれる人も少なからずいるだろう。

3　図書館に戻る

都留文科大学の図書館に戻った。大学には特別資料室がある。大学のある都留や山梨県に関する資料を広く収蔵している。そこで端から本棚を確認していくと『郡内電力史「灯」』(14)という書籍が目にとまった。同書の二一二～二一三ページに、鍛冶屋坂水路橋（すなわちピーヤ）の由来とその先の谷村発電所について記述がある。

特に発電所の工事に関しては次のように述べられている。

…大正五年五月、発電所工事、同七年一月水路工事に着手し、大正九年（一九二〇年）十二月二十五日、竣工（以下略）…（同書、二一三ページ）

立札の情報を裏付ける記述である。そして工事は一九一六年から始まったようだ。もちろん、これ以前から電力開発は始まっていて、水の確保をめぐり富士北麓地域内で議論があったことが知られている。(15) 東京電力で現在稼働中の水力発電所の設置年代を図に表すと図1のグラ

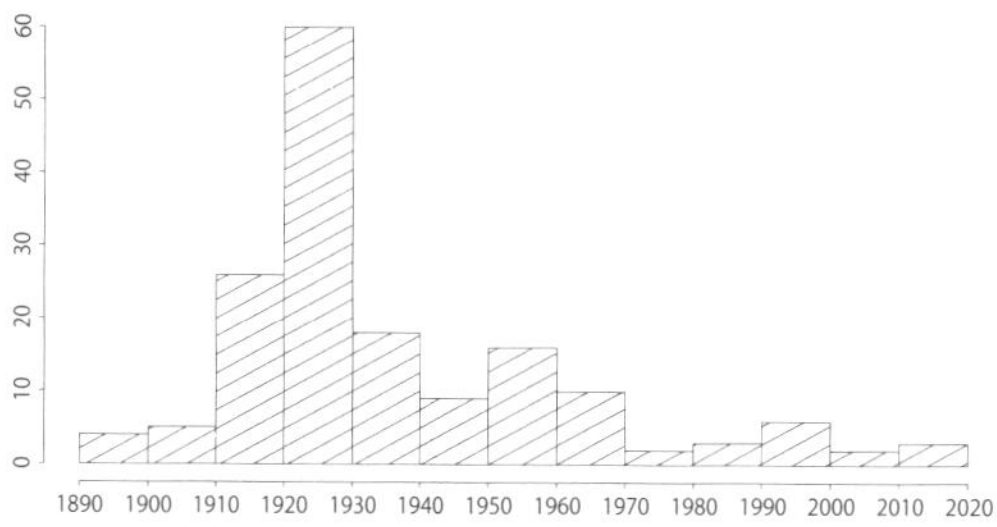

図1　現在の東京電力の水力発電所数（縦軸）と設置年代（横軸）注11のURLより筆者集計

(14)　渡辺保『郡内電力史「灯」』私家版（都留文科大学図書館所蔵）、一九八七年。

(15)　萱沼前掲書、一六七～一九一頁。

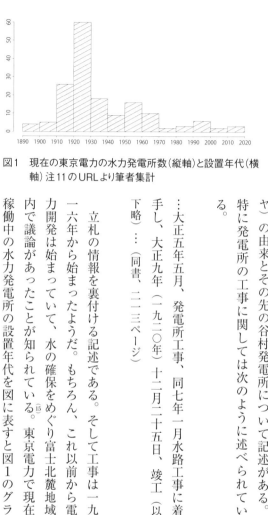

フのようになる。都留のピーヤは、現在用いられている水力発電設備がもっとも多く作られた時代[16]に築かれたことがわかる。

ともあれ、「ピーヤ」という言葉が都留市内の地名として先ほどの場所に定着するのはこの工事以前にはさかのぼらないとみてよいだろう。実際にpierがなければピーヤという耳慣れない言葉は定着しづらいだろうからだ。定着のきっかけとなった時期を一九二〇年前後としてみよう。この時期は日本語への外来語移入においてどういう時期であったのか。

明治の文明開化とともに多くの外来語が日本語に取り入れられたことはよく知られている。しかし戦前の外来語流入は明治時代にのみに生じたことではない。谷村に発電所ができた時期に関しては、大正デモクラシーと時代的に重複する。「大正デモクラシーと資本主義の発展を背景[17]」としたこの時代について「戦後に次ぐいわゆる「外来語が氾濫」した時期[18]」という見解が示されている。昔、教科書で習った「モガ・モボ」（それぞれモダン・ガール、モダン・ボーイの略）の時代のことだ。この時代に入ってきた外来語として「術語英語」、「画家フランス語」などがみられる[19]。「ピーヤ」の語はそうした世相の中に混入した外来語のひとつであったものかもしれない。

そのように外来語が流入した時代だったとはいえ、技術関係の専門用語だった「pier」が日常頻繁に用いられることはあったのだろうか。そう思って古い新聞を調べてみることにした。図書館のデータベースで読売新聞と朝日新聞の検索を行なってみた。読売新聞のデータベースでは「ピーヤ」の語はヒットしなかった。朝日新聞のデータベース「聞蔵Ⅱビジュアル」ではいくつかヒットした。とはいえその数は多くはなかった。もっとも古いものは一九〇二年九月四日東京朝刊三面に記載があった。見出しは「横浜水道線路變更の

（16） 一九二〇年代には現在でも稼働している発電所のうち、実に三六・七%が設置されている。設置年代の中央値は一九二七年である。データは注（11）URLによる。

（17） 米川明彦「言葉の西洋化：近代化の中で」陣内正敬（ほか）編『外来語研究の新展開』おうふう、二〇一二年、六八頁。

（18） 同右、六七頁。

（19） 同右、六七頁。

二設計」というもので「…線路は崖山の山腹を切割る一線と山下にピーヤと稱する陸橋を架設する一線の二案あり…」[20]という用例である。その他、新聞紙上で用いられた事例は多くない。ピーヤの語は一般に用いられたとまでは言えないだろう。それでも、都留には英語の専門用語であるこのピーヤの語が残っているのである。ということは、土木技術に関する英語に当時の住民が深く触れる機会があったとみてよいのではないか。それは、電力の開発という大事業が富士北麓で行なわれたことと無関係ではないだろう。実際、ドイツやスイスの会社と並んで、アメリカのゼネラル・エレクトリック社の技師が先にふれた猿橋近くの駒橋発電所にやってきたことがあったようである[21]。

ここまで、ピーヤという言葉とその由来についてまとめてきた。それほど特別なことはしていない。初めに不思議な言葉の響きに興味を持った。好奇心に導かれるままに関係する資料を図書館やインターネットで調べた。そして公開のハイキングコースを通って現地に行った。現地の状況と資料群を照らし合わせ、その由来について深く検討した。実際には何度か試行錯誤的な考察をせざるを得なかったけれども、物事を多面的に、突き詰めて考えること自体は多くの人が生活や仕事の上で行なっていることである。対象が技術とその歴史というだけのことで、実生活や仕事の上で行なうものごとの検討と大学での研究は、実際の精神的な活動においてそれほど遠い距離にはない。むしろ、行動の表面だけ見れば、「ピーヤ」に関する探究は、精神的な活動というよりも単なる散歩に見えてしまうかもしれないのだ。しかし、現地を歩くことと大学の図書館で得られる知見の蓄積とを組み合わせることで、世界は無限の知的刺激を与えてくれる。これは広い意味での研究が持つ妙味である。そして、現地を歩くことと既存の知識にふれることの相互作用が大切とい

(20) 聞蔵Ⅱビジュアルにて二〇一九年八月二二日検索。

(21) 安富一夫「電気のはじまり」『郡内研究』創刊号、一九八七年、二九頁。

うことだ[22]。この妙味は研究に携わるときの大きな原動力になる。

私自身、最初は些末なこと、と思わないではなかった。しかしここまでお読みになれば分かるように、都留に残るピーヤの語はこの地方や日本の近代化と深く関わりのある電力開発と技術伝播の副産物と言える。

今後、古い日記や手記などを発掘することで、この地域で近代化がどういう環境のもとで起こったかについて一層深い知見をえていくことができるだろう。また実際の用例を明らかにするために年配者への聞き取りを行なうことも有益だろう。そして、この語が英語だということは地域の人々にどこまで知られているだろうか。知られていないとするならば、この語に関わる事情を探ることで外来語が土地の言葉として根付いていった過程を具体例に即して明らかにできるだろう。都留の林の中から、日本の近代化の一側面について考えることができるのである。

この活動は決して華やかなものではない。とはいえ、そこに富士からの水流と世界や歴史との関わりを感じることで、非常に大きな精神的充足感を得られる。これもひとつの大学的な地域ガイドといえるだろう。

〔付記〕本稿は二〇一八年一一月一三日に行なった講義をもとに執筆したものである。

・本文中の写真は、すべて筆者撮影のものである。

(22) 梅棹忠夫『日本探検』講談社学術文庫、二〇一四年、二一一頁。

西湖から見る富士山

column

家中川小水力市民発電所

山口博史

都留の町を歩き始めたとき、最初に目についたのは水だった。都留の特徴（少なくともその大切な一要素）はこれだ、と見込んだ記憶がある。その後、都留の名の由来について水との関係から短いコラムを書いた。[1]

都留市を貫流するのは山中湖に発する桂川である。その桂川の水を引き込み、都留の町中を流れるのが家中《かちゅう》川《がわ》である。都留市にはあちこちに水路があるが、家中川はその中でも最も大きなもののひとつだ。家中川の流れは一六三三年から約三年にわたる工事で完成した谷村大堰からの水に由来する。[2] 現在、家中川の流れを利用して水力発電が行なわれている。ここでは「家中川小水力市民発電所」をとりあげよう。

写真1　元気くん1号

この発電所設立以前の二〇〇一年、家中川に市民の手で発電設備が設置され、それを機会として水力についての市民の関心が高まった。そして新エネルギー関係の補助金のほか、ミニ公募債「つるのおんがえし債」（二〇〇五年）によって現在みられる水力発電設備が導入された（二〇〇六年[3]）。水力発電設備は現在三機設置されている。それぞれ元気くん1号（二〇〇六年稼働開始）、2号（二〇一〇年稼働開始）、3号（二〇一二年稼働開始）と名付けられている。[4]

元気くん1号は都留市役所の駐車場横にある水車だ。私も市役所で用事を済ませた後などに眺めることがある。大きな下掛け式の水車がゆっくりと回っている。元気くん2号は市役所からかなり下流にある。こちらは上掛け式の水車だ。ここでは水の勢いを間近に見られる。3号は1号と2号の間、小学校の下から流れ出す水路に設置されている。こちらは水を受け止める羽根が螺旋状になっている。発電のためには、発電機を回転させ、電磁誘導を引き起こすことができればよいのだから、羽根の形はこの場に適合的なものが選ばれたのであろう。三機の最大出力は、二〇キロワット（1号）、一九キロワット（2号）、七・三キロワット（3号）である。[5]

家中川には古い時代から水力発電所設備があった。もっとも古いものの一つに谷村電燈株式会社（会社設立は一九〇三年）による小規模な発電設備が挙げられる。[6] また現在の小水力発電所が設立されるかなり前から、市内に新しく発電所を作ることに言及した市の資料もある。[7] 水力発電というアイデアは、近代化がはじまったころからの、地域に相当に定着したものだったことが読み取れる。後の市民発電所の設置に、この「記憶」がどのように、またどの程度影響したであろうか。論点をさらに絞る必要はあろうが、大学生の卒業論文や高校生の探求学

写真2　元気くん2号

写真3　元気くん3号

習等の興味深いテーマとなりえるだろう。

〔注〕

（1）拙稿「都留と水のこと」『都留文科大学学報』一三二号、二〇一六年、一八頁

（2）谷村大堰顕彰碑建設委員会『谷村大堰之碑建設記念会誌』一九八五年、九頁

（3）都留市『都留市家中川小水力市民発電所』（パンフレット中面）

（4）https://www.city.tsuru.yamanashi.jp/shimin/gomi/4/8476.html（最終アクセス二〇一九年八月一一日）

（5）同上。

（6）都留市史編纂委員会編『都留市史：通史編』都留市、一九九六年、八三八－八四〇頁

（7）都留市総合開発計画策定本部『市勢の概況：長期総合開発計画策定資料』都留市、一九六八年、第三章第二節（ページ記入無）（都留文科大学附属図書館所蔵）

第2部

〈文化〉富士山を描く——いまむかし

江戸の富士塚

加藤敦子

1 富士塚とは

「富士塚」とは、東京とその近郊―埼玉・千葉・神奈川―に存在する富士山を模したミニチュアの富士山である。[1] これらは、江戸時代に盛んになった富士山信仰を実践する富士講によってつくられたものである。富士山信仰と富士講については本書に別論考があるので詳しくはそちらを読んでいただきたいが、簡潔に記せば、富士山を信仰し、富士山登拝を行うために組織された「講」である。参加者たちは講銭を出し合って積み立て、その資金によって代表者が順番に富士山登拝を実現した。

この富士講の思想的拠り所となった人物が食行《じきぎょう》身禄《みろく》という富士行者であった。身禄は

(1) 以下、富士塚に関する概説は岩科小一郎『富士講の歴史―江戸庶民の山岳信仰―』、同「富士塚概説」(『日本常民文化研究所調査報告 第2集 富士講と富士塚―東京・神奈川―』所収、一九七八年)による。

享保一八（一七三三）年に富士山烏帽子岩《えぼしいわ》で断食を行い入定した。その後、弟子たちがその信仰を広めたが、弟子の一人である高田藤四郎《とうしろう》が元文元（一七三六）年に「江戸身禄同行」と称する講を起こした。そして、身禄の三三回忌にあたり、江戸に「富士山の写し」をつくることを発願した。これは師の身禄が遺した「ふじ山のうつしをだんだんと取り立」という言葉により、師の意志を受け継ごうとしたものであった。藤四郎は植木職人であったため、その技術とツテを活かし、安永八（一七七九）年、地元の戸塚村（現・新宿区西早稲田）水稲荷社の境内に元からあった古墳を利用して富士塚を築いた。

「富士塚」という言葉は古くからあり、また、小さな山の上に浅間大神を祀って「富士塚」と称することは鎌倉時代から行われていたとされる。しかし、藤四郎が築いた富士塚はそれらとは全く異なるものであった。藤四郎は、「黒ぼく」と呼ばれる富士山の黒いごつごつとした熔岩を甲州から取り寄せ、これを富士塚の表面に用いることで富士山のゴツゴツした岩肌を表し、同じく富士山の山頂から持ってきた土を頂に敷きつめた。さらに、登山口から頂上までの登山道、御中道《おちゅうどう》（富士山の五〜六合目の中腹を一周する周回路）、五合目の小御嶽社《こみたけしゃ》、身禄が入定した烏帽子岩、御胎内の洞穴（富士山の熔岩でできた洞窟、人間の体内に似ているため「胎内」と称された）まで、富士山を模してつくりあげた。このようにして築造した「ふじ山のうつし（富士山の写し）」によって、富士塚に登る者は、富士山の登山道を歩み、御中道をめぐる修行を実践し、小御嶽社に参詣し、富士山山頂を踏みしめるという登拝体験ができたのである。富士塚の登頂は富士山登頂と同じ功徳になるとされ、富士登山が禁じられていた女性や体力的な問題で登拝できない老人や子供、病弱者などにも富士登拝が可能になったのであった。

表1　富士塚一覧表（×は現存しないもの）

富士塚通称	所在区市	築造年	西暦	築造講名
高田×	新宿区	安永 8	1779	丸藤講
千駄ヶ谷	渋谷区	寛政元	1789	烏帽子岩講
鉄砲洲	中央区	寛政 2	1790	丸藤講
目黒元富士×	目黒区	文化 9	1812	丸旦講
十条	北区	文化11	1814	丸参伊藤講
音羽	文京区	文化14	1817	山護講
目黒新富士×	目黒区	文政 2	1819	山正廣講
深川八幡×	江東区	文政 3	1820	山玉講
中里	清瀬市	文政 8	1825	丸嘉講
白山×	文京区	文政 9	1826	山水講
下谷坂本	台東区	文政11	1828	東講
砂町	江東区	天保 4	1833	山吉講
羽田	大田区	天保 5	1834	木花元講
江古田	練馬区	天保10	1839	丸祓講
東大久保	新宿区	天保13	1842	丸谷講
板橋	板橋区	安政 2	1855	永田講
高松	豊島区	文久 2	1862	月三講
南千住	荒川区	慶応元	1865	丸籠講
品川	品川区	明治 2	1869	丸嘉講
下練馬	練馬区	明治 5	1872	丸吉講
大泉	練馬区	明治 6	1873	丸吉講
花又	足立区	明治 7	1874	丸参講
上赤塚×	板橋区	明治 9	1876	丸吉講
小岩	江戸川区	明治10	1877	山元講
飯塚	葛飾区	明治12	1879	丸か講
下里	清瀬市	明治12	1879	丸嘉講
境	武蔵野市	明治14	1881	丸嘉講
山野	調布市	明治14	1881	（不明）
下赤塚	板橋区	明治15	1882	丸吉講
逆井	江戸川区	明治17	1884	丸岩講
久米川	東村山市	明治21	1888	丸日立講
船堀	江戸川区	明治25	1892	登山講
穴守×	大田区	明治38	1905	木花元講
雷	江戸川区	明治40頃	1907	山玉講
長島	江戸川区	明治41	1908	山玉講
金町	葛飾区	明治44	1911	丸金講
池袋	豊島区	明治45	1912	月三講
下鎌田	江戸川区	大正 5	1916	割菱八行講
大川	足立区	大正 5	1916	丸藤講
平井	江戸川区	大正 7	1918	丸富講
成子	新宿区	大正 9	1920	丸藤講
五反野	足立区	大正 9	1920	丸藤講
千住	足立区	大正12	1923	丸参講
立石	葛飾区	大正13	1924	一山講
田端	北区	大正14	1925	山元講
篠崎	江戸川区	大正14	1925	丸星講
上落合	新宿区	昭和 2	1927	月三講
綾瀬	足立区	昭和 2	1927	山包講
新宿×	新宿区	昭和 3	1928	内丸講
桑川	江戸川区	昭和 4	1929	山玉講
中割	江戸川区	昭和 4	1929	丸葛講
今井	江戸川区	昭和 5	1930	割菱八行講
神田柳森	千代田区	昭和 5	1930	丸京講
西大久保×	新宿区	昭和 5	1930	丸京講
松原×	世田谷区	昭和 5	1930	（扶桑教）
小右衛門	足立区	昭和 7	1932	丸藤講
島根×	足立区	昭和 7	1932	丸藤講
千住柳原	足立区	昭和 8	1933	丸藤講
保木間	足立区	昭和11	1936	丸参講

この富士塚は高田富士として評判になり、他の富士講でも続々と富士塚がつくられるようになった。天保八（一八三八）年に刊行された斎藤月岑編『東都歳時記』「六月朔日」の項には、富士参り（後述）の賑わいを記し、各地の富士塚を挙げた後に、こう書かれている。

都て石をたたみて富士をつくる事、近世の流行なり。

（おしなべて、石を積み重ねて富士山をつくることは近年の流行である。）

富士塚築造の最盛期は富士講の隆盛期でもある文化・文政期（一八〇四～一八三一）であるが、昭和の初めまで各地の富士講によって富士塚はつくられつづけ、震災や経年による改修・改築、地域開発にともなう移転・破壊を余儀なくされながら現在に至っている。岩科小一郎によれば、「東京都区内に現存するもの四十三、破却されたものを加えると六十に近く築かれている。それに近接各県の分を合すると二百ぐらいは現存する」とされる[2]。また、平野榮次の調査によれば、東京都内の富士塚は五九基、うち現存するものは四六基である。戦前に築造された富士塚の一覧表（表1）を掲げておく[3]。

2　絵で歩く江戸時代の富士塚

先に述べたように、安永八年、高田藤四郎によって富士山を模した富士塚が最初につくられ、その後次々と富士塚が築造された。これらの富士塚は人々が参詣する江戸の名所となり、『江戸名所図会』『絵本江戸土産』といった名所絵本や歌川広重の浮世絵に登場している。

（2）　岩科小一郎『富士講の歴史　江戸庶民の山岳信仰』（名著出版、一九八三年）二六八頁

（3）　平野榮次「東京都の富士塚」（神奈川大学日本常民文化研究所編『日本常民文化研究所調査報告　第2集　富士講と富士塚―東京・神奈川―』所収、一九七八年）により作成。

ここでは名所絵本や浮世絵に描かれた江戸時代の富士塚を紹介する。江戸の人たちが登拝した富士塚を身近に感じてみてほしい。

(1)『江戸名所図会』にみる富士塚

『江戸名所図会』は、絵を主体とした江戸と近郊の名所集である。斎藤幸雄・幸孝・幸成(月岑)の親子三代にわたって編纂され、長谷川雪旦《せったん》が絵を描いた。刊行は天保五~七(一八三四~三六)年であるが、寛政から天保頃の社寺や風俗を多く紹介している。これは富士塚が盛んに築造されていた時期と重なり、高田、鉄砲洲、千駄ヶ谷、護国寺(音羽)の四ヶ所の富士塚が取り上げられている。

○高田(図1)

安永八年、高田の水稲荷境内に高田藤四郎がつくった、最初の富士塚である。

見開きで高田の水稲荷が描かれ、画面右上に三峰の富士山の形をした富士塚が描かれている。次節に掲げる『絵本江戸土産』(図5)を参照すれば、実際の富士塚はこの絵のような姿ではなく、高さも誇張されていると思われるが、江戸に出現した富士山のインパクトが伝わる絵である。絵に添えられた見出しも「富士山」である。

この富士塚の場所は、現在の早稲田大学9号館の裏手にあたる。早稲田大学キャンパスの建築にともない高田富士は破壊され、西早稲田3丁目に移転した水稲荷神社境内に改めて富士塚がつくられている。

○鉄砲洲(図2)

鉄砲洲(現・港区湊一丁目)は隅田川河口西岸の砂州で、幕府の鉄砲方の大砲試射場が設

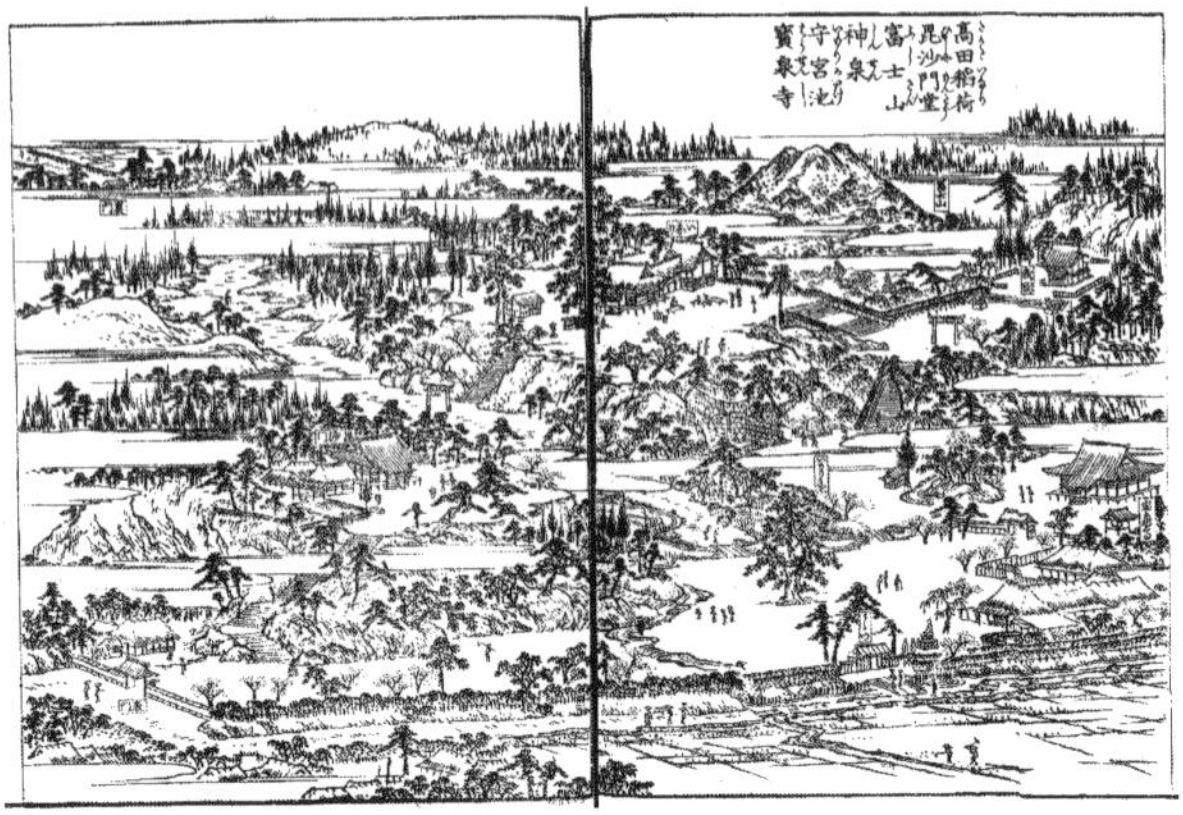

図1　高田（『江戸名所図会』より）

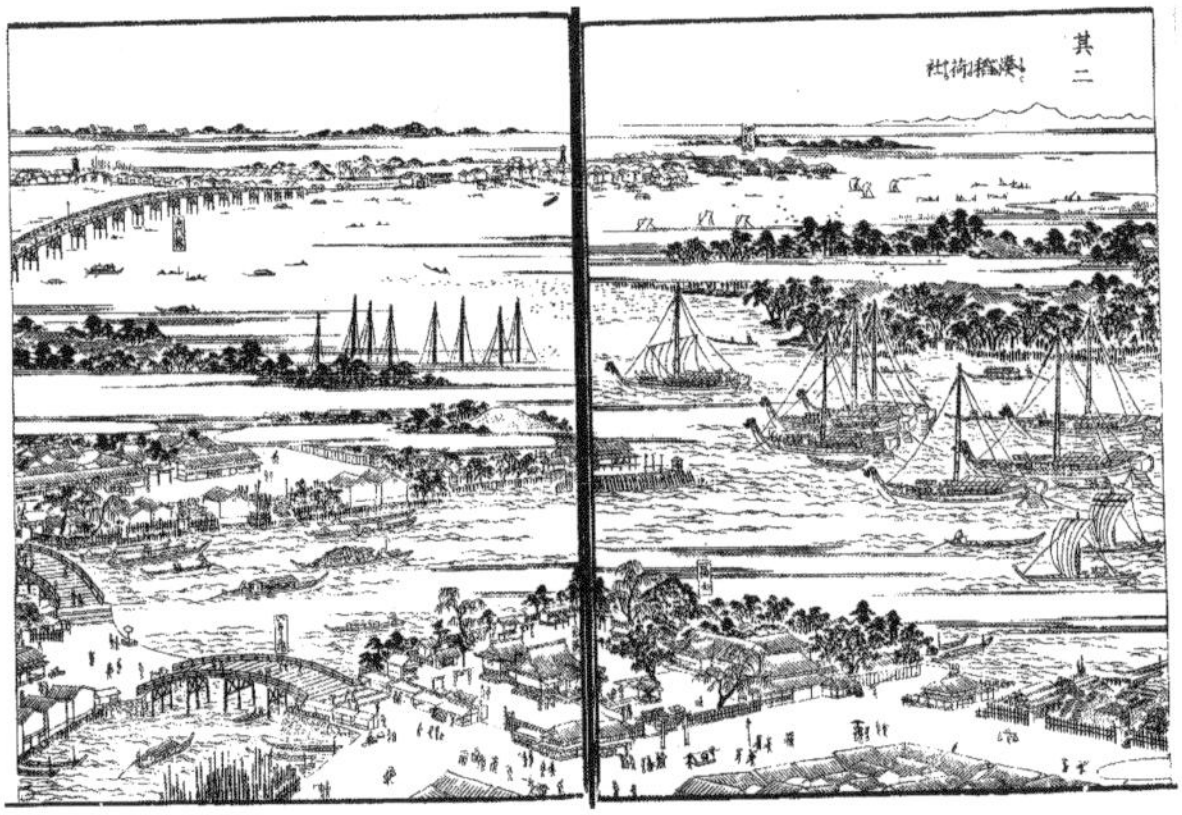

図2　鉄砲洲（『江戸名所図会』より）

置されたことから、そうした地名がついたという。この鉄砲洲にある湊稲荷社に寛政二年（一七九〇）、富士塚がつくられた。

画面中央下の方に鉄砲洲の湊稲荷社が描かれ、境内に「富士」と示した富士塚が見える。

○千駄ヶ谷（図3）

千駄ヶ谷八幡宮の富士塚は寛政元（一七八九）年につくられたものである。画面中央右

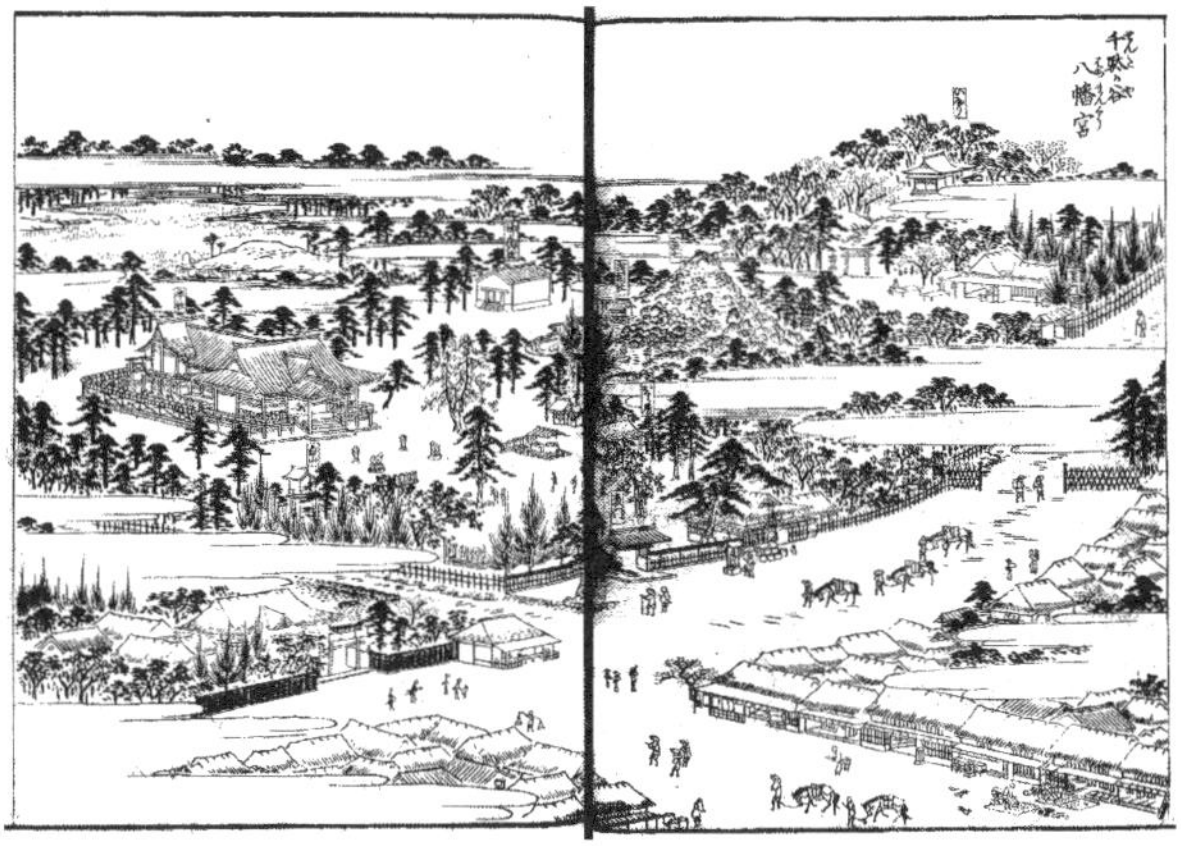

図3　千駄ヶ谷八幡宮（『江戸名所図会』より）

図4　護国寺（音羽）（『江戸名所図会』より）

にすっとたつ富士塚が描かれている。富士山から運んだ黒ぼくを利用したという富士塚のごつごつとした岩肌の特徴をよくとらえている。

○護国寺（音羽）（図4）

音羽（現・文京区音羽）にある護国寺の敷地内にある富士塚である。右下に「其五」の文字が見えるが、護国寺（大塚護持院）の絵は見開き五図にわたって描かれており、広大な敷地の奥に地形を利用して富士山（画面左）が築造されていた。

（2）『絵本江戸土産』にみる富士塚

『絵本江戸土産』は、嘉永三（一八五〇）年から慶応三（一八六七）年にかけて刊行された江戸の名所絵本。松亭金水《しょうていきんすい》が解説を書き、初代広重（初編〜第七編）・二代目広重（第八編〜第十編）が絵を描いた。ここに掲載された富士塚の絵は、高田富士、鉄砲洲、東大久保、目黒元富士、目黒新富士、深川八幡宮の六ヶ所である。

先に見た『江戸名所図会』が寺社や周囲全体の俯瞰図の中に富士塚を描き入れていたのに対して、『絵本江戸土産』は富士塚そのものを描いており、絵に添えられた説明文とあわせてそれぞれの特徴を見て取ることができる。

○高田富士（図5）

高田富士山

同所宝泉寺水稲荷の境内にありて、余の富士と等しからず。六月十八日まで参詣せしめ、麦藁の蛇等を売る茶店を出し、諸商人出て数日の間賑ひまされり。

手前に描かれる人の姿と比べると、この富士塚が、誇張表現を割り引いても相当な規模

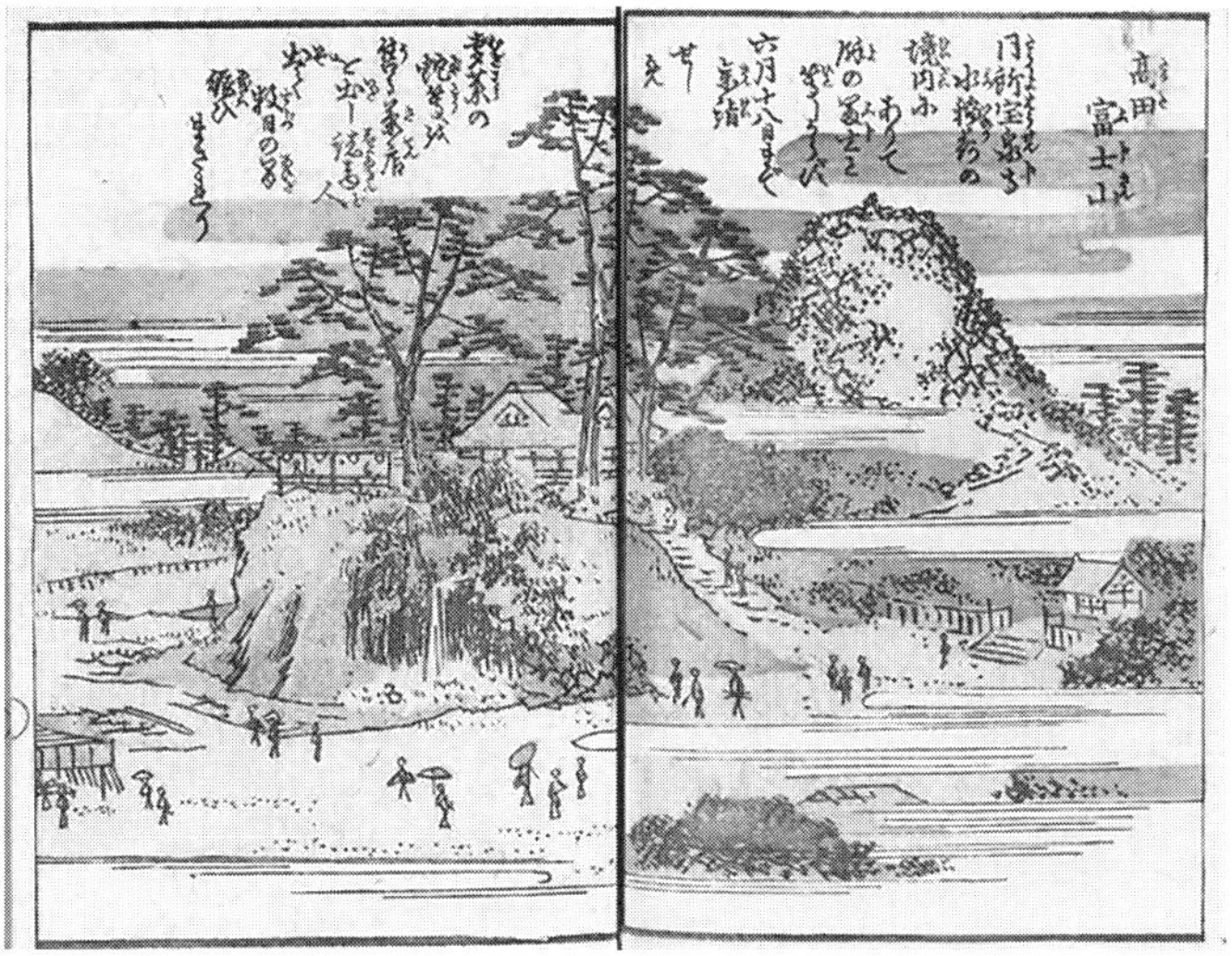

図5　高田富士（『絵本江戸土産』より）

図7　「江戸自慢三十六興・鉄砲洲いなり富士詣」（国立国会図書館蔵）

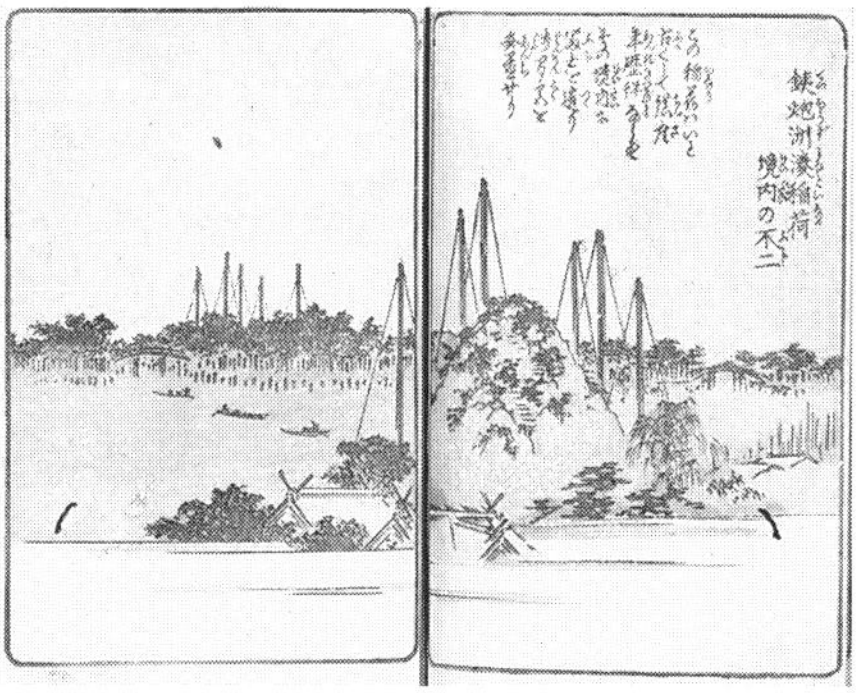

図6　鉄砲洲（『絵本江戸土産』より）

であったことがわかる。「余の富士と等しからず」とあるように、他と並べることのできない特別な富士塚であった。

○鉄砲洲（図6）

鉄砲洲湊稲荷　境内の不二

この稲荷はいと古くして、鎮座年歴詳ならず。その境内に富士を造り、浅間宮を安置せり。

鉄砲洲の富士塚は河口に面しているという立地上の特色があり、帆を畳んだ船とともに描かれるのが定番である。二代広重は浮世絵「江戸自慢三十六興」（図7）で鉄砲洲の富士塚を描いている。遠景の傾斜のきつい小山が富士塚である。ごつごつとした黒っぽい岩肌がみえるあたりに、富士塚に登る参詣人が描き込まれている。三代豊国の描く手前の娘が手に持つのは、高田富士の説明文にあった「麦藁の蛇」（後述）である。

○東大久保（図8）

大久保西向天神

神体西を向せ給ふ故にその名あり。傍不二の形せし山ありて、風景面白し。

ごつごつした岩肌の富士山、その裾野に松を植え、手前のやや高いところに社殿のような建物が見える。高田富士と似た構図であり、これが富士塚の一つの典型であったと思われる。

図8　東大久保（『絵本江戸土産』より）

○目黒元富士（図9）

目黒元不二下道

江都に富士と称するもの往々に造り築きて、その数多くなりぬれど、わきてこの所は自然の風景他に倍《まさ》りたる勝地にて、その道は三保ケ崎の容《さま》を模して、並松のむら立もまた物旧《ものふり》たり。

本文に「その道は三保ケ崎の容を模して」とあるように、三保の松原を思い起こさせる風景である。広重の浮世絵「富士三十六景」の「駿河三保之松原」（図10）を掲げておく。富士塚の築造にあたって、周辺の景色も含めて富士山を写すことに力を注いだことがよくわかる。

図9　目黒元不二（『絵本江戸土産』より）

図10　「富士三十六景・駿河三保之松原」（大英博物館蔵）

○目黒新富士（図11）

同所新富士山上眺望

前図の少し傍に新富士と称ふれども何時築立しものやらん、その年月も詳にせず。俚俗に新てふ名は負すれど、樹木のありさま芝生の貌、最然《さながら》近きものにはあらず。四時の差別はなきものながら、この山上より眺望すれば、秋は殊さら眼下の諸木々、或ひは紅あるひは黄に染なしたる霜葉の機ばり広き錦のごとし。

元富士のそばにあり、新富士と呼ばれているが、いつ築造されたか不明で、樹木や芝生の様子から最近のものとは思われないと解説している。一八一二年に築造された目黒元富士に対して、一八一九年に築かれたこの富士を「新」富士と呼んだもので、この第七編が刊行された一八五七年には「新富士」といえども新味はなかったであろう。山上の眺望が

図11　目黒新富士（『絵本江戸土産』より）

図12　「名所江戸百景・目黒新富士」（国立国会図書館蔵）

すばらしいとのことで、やや高い位置から周囲を俯瞰した図となっている。

広重はこの富士塚を「名所江戸百景」でも描いている（図12）。富士塚のはるか遠くに富士山を望む構図が共通する。江戸時代には江戸市中のあちこちから富士山を眺めることができたが、富士塚の頂きを踏みしめて富士山を礼拝するのはまた格別なことであっただろう。

○深川八幡宮（図13）

深川八幡富士

富が岡の境内にあり。かの山開きと名づくる日より見物を恣《ほしいまま》に倣《な》さしむ。頂に登れば洲崎の沖を越へて房総の山をも遠望なさしむ。

本文では山頂から房総の山を望むことができると記しているが、描かれているのは隅田川河口の向こうに見える富士山である。これまで見てきたものより小規模のようだが、深川富ケ岡八幡宮の境内にある身近な富士山であっただろう。

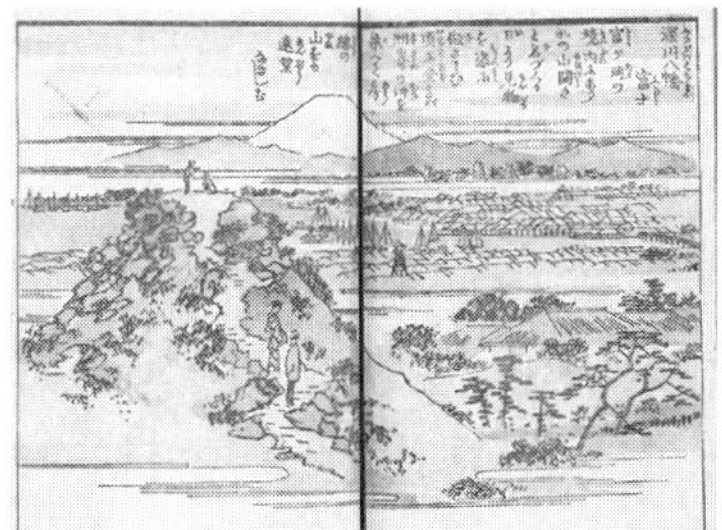
図13　深川八幡富士（『絵本江戸土産』より）

3　山開きの賑わい

先にあげた『絵本江戸土産』では、高田富士と深川八幡の項にそれぞれ「六月十八日まで参詣せし」「かの山開きと名づくる日より見物を恣に倣さしむ」とあり、六月の山開き

図14　六月朔日富士詣（『江戸名所図会』より）

の時期に人々が富士塚に参詣したことがわかる。

元々浅間大神を勧請した浅間神社では、富士山の山開きにあわせて旧暦六月一日に富士祭りが行われた。井原西鶴の浮世草子『諸艶大鑑《しょえんおおかがみ》』巻四には、

　水無月の夜を籠て、江戸の新富士に参詣する事有。人皆、白衣の袖を連ね、水道の流れに身を清め行に、松明立つれて煙はそらに

と江戸の浅間神社の富士祭りに参詣する人々の様子が描かれている。『諸艶大鑑』は貞享元（一六八四）年の刊行であるので、これは富士塚登拝ではないのであるが、「白衣」を着て、水道の水で身を清めて夜暗いうちに神社へ向かうという参詣のスタイルは、山開きに合わせた富士浅間神社への参詣が富士山登拝と同様の意味を持っていたことを表している。

富士塚がつくられるようになってからは、富士山の山開きに合わせて富士塚の山開きが行われるようになった。『絵本江戸土産』は、深川八幡富士では山開きの日から人々が自由に富士塚に登ることができ、頂上に立つと洲崎（現・江東区東陽）の向こうに房総半島の山を望むことができたと伝えているのである。

『江戸名所図会』には「六月朔日富士詣」（図14）として、駒込富士神社の山開きの賑わいが描かれている。この絵を見ると、武士、町人、老若男女、あらゆる人々が参詣してお

り、沿道に茶店や土産物売りが出ている様子が窺われる。

本文には「前夜より詣人多く、甚賑へり。此日麦藁細工の蛇ならびに団扇、五色の網などを鬻《ひさ》ぐ」とあり、やはり山開き前夜から人々が群集していたことがわかる。参道で売っている土産物は麦藁細工の蛇であり、先に『絵本江戸土産』「高田富士」の解説や広重の浮世絵「江戸自慢三十六興・鉄砲洲いなり富士詣」でも見たように、富士浅間神社の祭りの名物としてよく知られた土産物であった。

同様の記事は、『守貞謾稿《もりさだまんこう》』第二四編にも見ることができる。

五月晦日六月朔日の両日、江戸浅草、駒込、高田、深川、目黒、四つ谷、茅場町、下野小野照等の富士詣でと号て群参す。各所必らず麦藁製の蛇形を生杉枝に纏ひたるを売るに、大小あれども皆同製也。富士詣人の方物とす。

（五月晦日と六月一日の両日、江戸各地の富士浅間神社に「富士詣」と称して大勢の人々が参詣する。どこでも必ず麦藁でつくった蛇を杉の枝にまとわせたものを売っているが、大小の違いはあってもすべて同じ作りである。富士詣の人々が土産とする。）

ちなみに、『江戸名所図会』に描かれた駒込富士神社を詠んだ川柳がある。

江戸の富士裾野は茄子の名所なり
駒込は一富士二鷹三茄子
当時、駒込富士神社のあたりは茄子の産地であり、また、近くに鷹匠屋敷があった。そこで、「駒込富士の裾野は茄子の名所なのだなぁ」、「駒込の名物は一に富士、二に鷹、三に茄子」と詠んだものである。いずれも駒込に富士塚＝富士山があるゆえの句である。

4　現代の富士塚

かつては、東京都内および近県に二〇〇基も築かれていた富士塚は、戦後日本社会の発展にともない、移転や破却を余儀なくされたものもあった。富士塚第一号の高田富士は、早稲田大学の敷地となり破却されている。また、昭和四〇年頃からは事故を恐れて周囲を柵や金網で囲って自由に登れないようにしてしまい、結果として富士塚の存在自体が忘れられることもあった。

しかし、現在でも七月一日の富士山山開きに合わせて、富士浅間神社は六月三〇日、七月一日を祭礼日としている。この日は囲いの門を開いて、参詣者が登拝できるようにしている富士塚もある。

江戸時代につくられて、当時の面影をよく残している富士塚が、東京区部に五基あるという[4]。十条（北区）、音羽（文京区・護国寺）、下谷坂本（台東区・小野照崎神社）、江古田（練馬区・江古田浅間神社）、高松（豊島区・富士神社）の五基の富士塚である。このうち、江古田浅間神社、富士神社、小野照崎神社は、文化庁が運営する日本の文化遺産についてのポータルサイト「文化遺産オンライン[5]」に有形民俗文化財として搭載され、概要を知ることができる。本稿では東京都内の富士塚について述べてきたが、「文化遺産オンライン」には埼玉県川口市の木曽呂の富士塚、春日部市の水角神社の富士塚も同じ有形民俗文化財として搭載されている。東京近県の富士塚については、神奈川大学日本常民文化研究所が詳細

（4）　岩科小一郎「富士塚概説」神奈川大学日本常民文化研究所編『日本常民文化研究所調査報告　第2集　富士講と富士塚―東京・神奈川―』所収、一九七八年

（5）　https://bunka.nii.ac.jp/

な調査を行っている。(6)

二〇一三年、富士山はユネスコの世界文化遺産に登録されたが、その正式名称は「富士山―信仰の対象と芸術の源泉」である。世界文化遺産登録とともに信仰の対象としての富士山がクローズアップされ、富士講が改めて注目されたことで、富士講の活動の一環である富士塚もまた再認識されつつある。近年、複数の自治体が富士講と富士塚の調査を行い、その成果を報告している。(7) また、趣味としての富士塚巡りをすすめるガイドブック的な書物の出版も盛んである。(8)

高層建築があたりまえとなり、かつては見えていた富士山が見えなくなった東京圏において、身近な富士山＝富士塚を探訪してみてほしい。

〔参考文献〕

『江戸名所図会』(国文学研究資料館蔵　書誌ID200006557、200005275)
『絵本江戸土産』(国立国会図書館デジタルコレクション　書誌ID000007278060)
『東都歳時記』(国立国会図書館デジタルコレクション　書誌ID000007310486)
『守貞謾稿』(『近世風俗志』国学院大学出版部　一九〇八年)
『諸艶大鑑』(新日本古典文学大系『好色二代男　西鶴諸国はなし　本朝二十不孝』岩波書店　一九九一年)
岩科小一郎『富士講の歴史　江戸庶民の山岳信仰』名著出版、一九八三年
神奈川大学日本常民文化研究所編『日本常民文化研究所調査報告　第2集　富士講と富士塚―東京・神奈川―』一九七八年
神奈川大学日本常民文化研究所編『日本常民文化研究所調査報告　第4集　富士講と富士塚―東京・埼玉・千葉・神奈川―』一九七九年
百目鬼喜久男『江戸東京富士塚めぐり―富士塚のある社寺歴訪―』私家版、二〇〇四年
清博美『富士山をめぐる川柳歴史散歩』静岡郷土出版社、一九八八年

(6)　神奈川大学日本常民文化研究所編『日本常民文化研究所調査報告　第2集　富士講と富士塚―東京・神奈川―』一九七八年、神奈川大学日本常民文化研究所編『日本常民文化研究所調査報告　第4集　富士講と富士塚―東京・埼玉・千葉・神奈川―』一九七九年

(7)　『江戸の新興宗教―文京の富士講―』文京区教育委員会、一九九五年、『富士山：江戸・東京と練馬の富士』練馬区立石神井公園ふるさと文化館、二〇一五年、『江戸川区の富士講と富士塚』江戸川区教育委員会、二〇一八年。他に、足立区立郷土博物館開館記念展の図録『足立と北斎展』足立区立郷土博物館、一九八六年も足立区の富士講と富士塚に関する資料を載せる。

(8)　三浦家吉『滅びゆく富士講と富士塚』甲文堂出版部、一九七五年、百目鬼喜久男『江戸東京富士塚めぐり―富士塚のある社寺歴訪―』私家版、二〇〇四年、有坂蓉子『富士塚ゆる散歩』講談社、二〇一二年など。

column

月江寺の飲み屋街「新世界乾杯通り」

——再開発への思い——

赤羽美咲

富士急行線月江寺駅の東側の西裏地区には、昔懐かしい、レトロな雰囲気が漂う。その一角にある、「新世界乾杯通り」と呼ばれる約五〇メートルの路地は、夜になると地元の人や外国人観光客が飲み食いにやって来て、特に賑やかだ。このコラムでは一度寂れてしまった「新世界通り」が、どのようにして賑わいを取り戻し、「新世界乾杯通り」として生まれ変わったのかを掘り下げていく。

写真1　西裏通りから見た富士山

富士吉田市下吉田の西裏地区はかつて機織が有名で、飲食店街として栄えた。七〇年代「新世界通り」には二〇軒以上の飲み屋がひしめき合い、仕事を終えた大人たちが集い、酒を酌み交わした。「乾杯通り」は夢のような町だった、と語るお年寄りもいる。カクテルバーやダンスホールがあって、楽しかったそうだ。しかし機織産業が衰退すると西裏にやって来る人も少なくなる。飲食店の数も減少して、一時は焼き鳥屋一軒のみとなってしまう。そして町自体が寂れてしまった。二〇一五年、通りに賑わいを取り戻したいという思いから、復活プロジェクトが始動する。まず各店舗に残された大量のごみを片付けるところから始まった。「大掃除大会」と銘打ってイベントとして行い、当日は地元住民や高校生が集まった。なんと一日清掃しただけで、トラック九台分ものゴミが出たという。大掃除をしていると、早くここで飲んでみたい、という声が上がり、この盛り上がりを無駄にしないために、急遽「新世界通り復活祭」を開催することにした。「一日限りの屋台村」に、串焼や地酒など沢山のお店が出店した。そして出店するための体制づくりとして、事業計画策定などを行うプロジェクトチームを立ち上げたり、古い建物の魅力を活かして改装を行った。「合同会社新世界通り」を設立し、事業を「富士吉田みんなの貯金箱財団」から移した。そして通りの名称に「乾杯」の一語を加え「新世界乾杯通り」と変え、二〇一六年二月二三日に三店舗が先行営業した。現在、ラーメン居酒屋や焼き鳥居酒屋など、美味しく飲み食いできる七店舗が軒を連ねている。

新世界通りの再開発に関わった小林純さんと渡邉麗さんによれば「かつて新世界通りは楽しく賑やかで、人の

写真2　新世界通り復活祭

写真3　イタリアンレストラン「かぎしっぽ」から撮った夜の乾杯通り

肩と肩がぶつかるほど多くの人であふれていた」という。[1]しかし機織り産業が衰退したこと、バブルがはじけ景気が悪化したこと、お店の経営者がお年を召して辞めてしまい、建物が使われなくなったことによって、お化け屋敷のような不気味な場所に変わってしまった。そんな通りを再び元気にしよう、と再開発プロジェクトが始動する。プロジェクトには、空き家の解体やゴミ出しなど大変な作業も含まれていたが、それらをイベントにして、みんなで楽しみながら行える工夫をした。このように人を巻き込みながら再開発を進めたのは、「新世界乾杯通り」を宣伝し、通りがオープンした時に多くの人に来てもらおうという考えからだ。

小林さんは「これから新世界乾杯通りを起点に西裏地区全体を、地元の人も観光客も一緒に飲める場所にしていきたい」という。通りを訪れる人の数は年々増えているが、西裏地区全体では減っている。地区全体にさらに人を呼び込むために、ナイトマーケットやミュージックイベントが企画された。さらに外国人観光を誘致するために多言語メニューを作成したり、西裏地区に来て夕飯を食べられるように、外国人観光の多い河口湖エリアからバスを夜間、試験的に導入したりしている。また外国人受け入れに対応できるお店には、入り口に提灯や看板、ステッカーを貼ってもらい、お客さんが一目でわかるように配慮した。「新世界乾杯通り」の再開発の成功が地域振興のモデルとなって、さらに発展していくよう、地元の学生としても応援していきたい。

〔注〕

（1）小林純さんと渡邉麗さんは「富士吉田みんなの貯金箱財団」のメンバーとして再開発に取り組まれ、現在も街の活性化に尽力されている（二〇一九年一〇月一七日インタビュー）。
ちなみに「富士吉田みんなの貯金箱財団」は二〇一八年に名称変更して、現在は「ふじよしだ定住促進センター」となっている。

描かれた富士山―藝術の源泉

加藤弘子

はじめに

富士山といえば、あなたはどのようなイメージを心に思い浮かべるだろうか。古代より人々は富士山を遠くから仰ぎ、平安時代には詩歌に詠われる名所として、伝記や説話物語の背景として、あるいは信仰の対象としてその姿を絵画に描き継いできた。室町時代に初めて富士山そのものを主題とした絵画が登場し、雪舟が描いたと伝えられる富士図は後世の規範となった。これを継承しつつ江戸時代には狩野探幽が実景との対話から新たな富士図を創出し、流派の枠を超えて人気の画題となった。また、浮世絵版画によって広く庶民まで富士山の図像が浸透した。

図1　葛飾北斎《冨嶽三十六景　甲州三坂水面》東京富士美術館 © 東京富士美術館イメージアーカイブ / DNPartcom

絵師は実際に富士山を見てそのままの姿を描いたわけではない。太宰治が『富嶽百景』で指摘したのはこのことで、広重や文晁、北斎が描いた富士の形は鋭角ばかりだけれども、「実際の富士は、鈍角も鈍角」「決して、秀抜の、すらと高い山ではない」と述べている。[1] また、例えば葛飾北斎《冨嶽三十六景》の多くは、どこから見た富士を描いたのかおおよその場所を推測できるが、現実の景色と完全には一致せず、あくまでも北斎が浮世絵版画として構成した図像である。[2]《甲州三坂水面》(図1　東京富士美術館蔵)の景色を見たいからと御坂峠や御坂道から望んでも、河口湖の水面は小さく見えるのみだ。《甲州三坂水面》は御坂道を歩いて河口湖へと抜ける旅の景色と印象をひとつに構成した図像であり、

(1)　太宰治「富嶽百景」『文体』一九三九年二月(『筑摩現代文学大系五九　太宰治集』筑摩書房、一九七五年所収)

(2)　場所の考察と現在の景色との比較は安村敏信 監修『北斎 冨嶽三十六景の旅 天才絵師が描いた風景を歩く(別冊太陽 太陽の地図帳〇〇五)』平凡社、二〇一〇年に詳しい

夏の赤茶けた富士山が広々とした湖面に冬の雪で覆われた逆さ富士を映じる様は、季節を超えた富士山の真の姿を表現しているともいえるだろう。

これまでに描かれた富士山の絵画を振り返ると、その姿はじつに多種多様である。以下、本稿では、人々がどのような思いで富士山を見つめ、表現してきたのかを探ってみよう。

1　富士山を仰ぎ見る　縄文時代〜鎌倉時代

神の山への賛美

古くから人々は富士山を聖なる神の山として崇め、遠くから仰ぎ見てきた。都留市の牛石遺跡、富士宮市の千居《せんご》遺跡など縄文時代中期の遺跡からは環状列石《ストーンサークル》が発掘され、信仰の対象として富士山を仰ぎ見る遥拝所があったとみなされている。(3)

平安時代まで絵画の遺品はないものの、我が国最古の歌集『万葉集』に富士山を詠んだ歌が十一首あり、詩歌と絵画は密接な関係にあったことから、既にこの頃には富士山は絵画化されていたと推測されている。とりわけ、山部赤人が富士を仰ぎ見てその気高さと美しさを讃えた「望不尽山歌」は有名で、まっ白な雪をかぶった白富士の姿を彷彿とさせる。

天地《あめつち》の　分れし時ゆ　神《かむ》さびて　高く貴《たふと》き　駿河なる　布士《ふじ》の高嶺《たかね》を　天の原　振
り放《さ》けみれば　渡る日の　影も隠《かく》らひ　照る月の　光も見えず　白雲《しらくも》も　い行きはばか
り　時じくそ　雪は降りける　語り継ぎ　言ひ継ぎ行かむ　不尽《ふじ》の高嶺は　（三・三一七）

（3）千居遺跡には富士山の方角に配された二つの大きな石があり、縄文時代の二つ峰の富士山を写した可能性もあるという。内山純蔵「研究員コラム　最古の富士図？」『世界遺産ニュースレター』三〇、静岡県世界遺産センター整備課、二〇一六年

（天地の初めて分かれた時からずっと、神々しく高く貴い駿河の富士の高嶺を、天遠くふり仰いでみると、空渡る太陽の光も頂に隠れ、照る月の光もさえぎられ、白雲も流れなずんで、いつも雪が降っている。これからも語りつぎ、言いついでいこう、富士の高嶺は）

田子の浦ゆ　うち出《い》でてみれば　真白《ましろ》にそ　不尽《ふじ》の高嶺に　雪は降りける（三・三一八）

（田子の浦を通って出て見るとまっ白に富士の高嶺に雪が降っていたことだ）[4]

長歌では何よりも富士山の超絶した高さが強調され、反歌ではその高さゆえに降り積む真っ白な雪に覆われた優美な姿が賛嘆されている。現代に至るまで飽くことなく繰り返し富士が描かれてきたのは、富士が高貴であり、かつ優美だからとされる所以である。[5]

しかし、この歌で称賛されているのは富士山だけではない。山部赤人は朝廷に仕えた官人と推測され、「望不尽山歌」は東国への旅で実際に富士山を仰ぎ見て詠ったと解釈されてきたが、現在は、必ずしも実景を描写したわけではないことがあきらかになっている。[6]山部赤人は他にも各地の自然を称賛した歌を残しており、聖武天皇の行幸に際しての歌ではとくに王権を賛美した歌人であった事実を考慮すれば、「望不尽山歌」も神の山である富士山への賛美を通して天皇とその国土を賛美した歌であったと考えられるだろう。[7]

火山と燃える思い

富士山は、高く美しいだけの山ではない。より多く『万葉集』に詠われたのは火山としての富士山であり、頂に火を燃やし、噴煙をあげる姿に人々は自らの燃える恋心を重ねた。

（4）中西進『万葉集 全訳注原文付（一）（講談社文庫）』講談社、一九七八年、二〇二頁

（5）河野元昭「日本絵画にみる富士」高階秀爾監修『日本の美Ⅴ　富士山』美術年鑑社、二〇一三年

（6）吉村誠「研究の現状と教材化―『万葉集』山部赤人「不尽山」歌を通して」『山口大学教育学部論叢』六四、二〇一五年

（7）山部赤人の叙景と王権賛美については、鈴木日出男「赤人の叙景の構図」『古代和歌史論』東京大学出版会、一九九〇年および鈴木崇大「山部赤人の作歌精神―『万葉集』巻八・春の歌四首を中心に―」『東京大学国文学論集』七、二〇一二年を参照

吾妹子《わぎもこ》に逢ふ縁《よし》を無み　駿河なる　不尽《ふじ》の高嶺の　燃えつつかあらむ（十一・二六九五）
（吾妹子に逢うすべがないので、駿河の富士の高嶺のように、心が燃えつづけていようか）[8]

一見穏やかそうな現在の姿からは想像しにくいが、富士山は我が国に一一一ある活火山のひとつである。奈良時代の末、七八一（天応元）年には富士山麓に灰が降ったことが『続日本記』に記録される。その後しばらく活動は沈静化したものの、平安時代前期は八〇〇（延暦一九）年から四回ほどの延暦大噴火、そして八六四（貞観六）年の貞観大噴火と続き、火山活動が非常に盛んな時期であった。人々はこうした噴火の原因を富士山の神、浅間大神の怒りとみなして畏れた。漢学者の都良香《みやこのよしか》は「富士山記」[9]に噴火や火口周辺の様子を詳細に記録し「其の遠きに在りて望めば、常に煙火を見る」（遠くから眺めると常にかまどの煙を見るようだ）と、山頂から常に煙火が見えるとも記した。ただし、それらはすべて伝聞であり、貴族である都良香が東国の富士山を実際に仰ぎ見ることはなかった。

したがって、貴族の詩歌に富士山が登場しても、実際に富士山を見て詠んだなどとは考えない方がよい。名所を実際に見て詠むよりも、見ないで、あるいは屏風などに描かれた名所絵を見て詠む方が一般的であったからだ。一〇世紀には貴族の間で宇治や吉野山など和歌に詠われる名所を屏風に描いた「名所絵屏風」が盛んに作られ、そうした名所のひとつとして富士山も描かれた。作品は現存しないものの、『貫之集』[10]によれば、九二四（延長二）年に藤原忠平室源順子の五十歳を祝うために制作された五十賀の屏風には鶴（甲斐がね）・田子浦・相坂山・亀山・白浜・室生・松崎・嵯峨野・宇治・かへのやしろ・梅の原・吉野山と、描かれた名所に甲斐嶺（甲斐白根山または富士山）と田子浦が見える。

（8）中西進『万葉集 全訳注原文付（三）（講談社文庫）』講談社、一九八一年、七五頁

（9）藤原明衡編、大曾根章介・金原理・後藤昭雄校注『本朝文粋（新日本古典文学大系二七）』岩波書店、一九九二年所収

（10）『新編国歌大観第三巻 私家集編Ⅰ 歌集』角川書店、一九八五年、六一頁。なお、鶴（鶴群）を都留とする解釈もある。佐々木弘綱・信綱標註『日本歌学全書』第一編「紀貫之集第五」一八九〇年

また『能宣集』[11]には、名所絵屛風を見て富士を詠んだ歌が伝えられている。

はるふかみまだきつけたるかやり火のみゆるはふじのけぶりなりけり（二〇六）

（春の終わり頃、富士山の近くに人家があり、煙があがるのを見てもう蚊遣火をつけているのかと思ったらじつは富士山の煙であった）

紀貫之『古今和歌集　仮名序』には「今は富士の山も煙立たずなり（今は富士山も煙が立たなくなった）」とあり、一〇世紀初頭には火山活動は一旦落ち着いたとみえるが、屛風歌の世界では富士山といえば煙のイメージが定着していたようだ。貴族達は「思ひ」の「ひ」に「火」をかけて、煙を上げる富士山の姿に自らの「燃える思い」を重ね、恋心の比喩として富士山を詠い上げた。

ふじのねのならぬおもひにもえばもえ神だにけたぬむなしけぶりを（一九・一〇二八）

（富士山のように、かなわぬ思いに燃えるのならば燃えるがよい。神でさえ消すことのできないむなしくくすぶる煙よ[12]）

他の名所に比べると、遠い東国の富士山は貴族に人気がなかったようだが、現実に噴煙を上げる恐ろしい富士山を見ていないからこそ生まれた、情熱的な歌である。平安時代の貴族達が見つめ、思いを詠い上げたのは、恋心のように燃えて燻り、神にも消すことのできない噴煙をあげる、絵画に描かれた富士山だったのである。

（11）同前、一二五頁。家永三郎は「草ふかみまだきつけたる蚊遣火とみゆるはふじの煙なりけり」を採録。家永三郎『上代倭絵年表（改訂版）』墨水書房、一九六六年、一〇六頁および同『上代倭絵全史（改訂版）』墨水書房、一九六六年、一八七頁

（12）『新編国歌大観第一巻　勅撰集編　歌集』角川書店、一九八三年、三一頁

聖徳太子の富士登山

現存する最も古い富士山の絵画は、国宝《聖徳太子絵伝》（図2東京国立博物館蔵）に登場する富士山である。平安後期の一〇六九年、摂津国（現在の大阪）の秦致貞（生没年不詳）が法隆寺の東院絵殿に描いたもので、現在は一〇枚のパネルに改装されている。奈良時代に始まる聖徳太子への信仰をもとにその生涯をまとめた藤原兼輔『聖徳太子伝暦』（九一七年）から重要な事績を選んで絵画化し、聖徳太子伝を解説する「絵解き」に使われていた。第三面の上部には太子が黒い馬に乗って富士山頂近くの空を駆ける姿が確認できる。

『聖徳太子伝暦』によれば、五九八年、太子二七歳のとき甲斐国（現在の山梨県）から四足が白い黒い馬（黒駒）を献上された。当時、甲斐国には柏前、真衣野、穂坂の三つの「御牧《みまき》」と呼ばれた宮廷用の牧場があり、良馬の産地として知られていた。太子はこの甲斐の黒駒に乗って奈良の都を出発し、はじめて富士山頂上まで駆け上がり、信濃、越前、越中、越後を巡り、わずか三日後に戻ってきたという。あくまでも伝説であるが、聖徳太子による富士登山と長野、福井、富山、石川、新潟をめぐる三泊四日の旅である。もちろん、実際には飛鳥時代の富士山は、常人が登ることなどできない霊峰であった。

この「太子黒駒」の伝説は、インドでまだ王子であった釈迦が出家する際に白馬のカンタカに乗って雪山を目指した故事になぞらえている。釈迦は従者としてチャンダカに白馬カンタカを牽かせ、太子は舎人の調使麻呂《ちょうしまろ》を甲斐の黒駒の右に従えて東へ出発した。聖徳太子は我が国の仏教の基礎を築いたことから、没後は尊敬と信仰が高まり、後に「日本の釈迦」とまで称賛される。甲斐の黒駒伝説は、超人的な能力を持つ存在として人々の尊敬と信仰をいっそう集めたことであろう。

図2　国宝　秦致貞《聖徳太子絵伝　第三面》東京国立博物館　Image:TNM Image Archives

《聖徳太子絵伝》作者の秦致貞が実際に富士山を見て描いたわけではないことは、山の峰を削ったような形からみてあきらかだ。山の稜線は急な角度で天に向かってそびえ立つように描写され、富士山の標高の高さと、それを黒駒とともに飛び越えた聖徳太子の奇跡の偉大さが強調されている。制作にあたっては中国・唐時代の青緑山水画にみられる険しい山々を手本にしたのであろう。富士山の山肌は現在では茶色に見えるが、当初は鮮やかな緑青で緑色に彩色されており、山腹にも峰を持った姿であったことが近年の調査によって判明している。[13] 急峻で険しい山容は、人々が霊峰・富士山と聖徳太子に抱いていた畏怖と尊崇の思いを表した図像だったのである。

（13）東京国立博物館編『法隆寺献納宝物特別調査概報 XXIX 聖徳太子絵伝二』東京国立博物館、二〇〇九年

鎌倉時代には、国宝の円伊《一遍聖絵》（神奈川県・清浄光寺蔵）第六巻「鰺坂入道入水」に登場する富士山のように、急峻だった稜線がなだらかな傾斜の稜線へと変化していく。時宗の開祖であり、念仏踊りで知られる一遍上人が日本各地を布教しながら旅する様子が描かれた絵巻で、現実感のある鮮やかな自然描写に特徴がある。富士山は実際の形に近づき、雪は山頂だけでなく山筋と山筋の間にある谷間にも白く描かれるなど、絵師の細やかな自然観察があったと認められるが、山頂はやや丸みのある凹凸が繰り返され、美しく整えられた左右対称形には、一定の理想化も行われていたことがうかがえる。このほか《伊勢物語絵巻》の東下りの場面など、物語絵にとっても富士山は欠かせないモチーフであったが、それらはあくまでも主人公の舞台背景として描かれたものであり、富士山そのものが中心的な画題となるのは、次の室町時代になってからのことである。

2　富士山へ近づく　室町時代〜江戸時代

富士山への登拝

富士山は噴火活動が沈静化した後、日本古来の山岳信仰と密教や道教が習合した修験道の重要な霊場となった。そして、室町時代に多くの人が富士山へ登拝するようになると、修験道者に霊場の配置や登拝の道順を解説する「絵解き」のための絵画が制作された。

重要文化財《絹本著色富士曼荼羅図》（図3富士山本宮浅間大社蔵）は絹地に濃彩で描かれた富士曼荼羅の代表作で、確かな描写と「元信」壺型印から、狩野元信（一四七六〜一五五

図3　重要文化財《絹本著色 富士曼荼羅図》富士山本宮浅間大社

九）が直接関与したと考えられている。[14]画面下部の駿河湾に始まり、三保の松原、清見寺、清見ヶ原、浅間大社、村山浅間神社、御室大日堂といったランドマークが確認でき、これは当時、富士登拝の中心であった大宮・村山口からの景観である。老若男女が参詣しているが、途中から女性の姿が見えなくなるのは、かつての富士山は女人禁制で、登拝は男性のみに許されていたためである。暗い中、松明を掲げて折り返しの続く道を登拝する人々の姿が細密に描かれることから、現在と同じように夜間に登山が行われていたことがわかる。

画面上部中央には富士山が頂上から半分ほど姿をみせ、中腹の両脇に日輪と月輪が配されている。富士山は左右対称の形で山頂は三つの峰に分かれ、それぞれに大日如来、阿弥陀如来、薬師如来が鎮座している。これは神仏習合の本地垂迹説により、山頂部は仏の世界とみなされるようになったためである。

鎌倉時代後期から室町時代の富士図には山頂が三峰型に描かれるものが多く、その理由については大きくみて二つの見解がある。ひとつは、富士山信仰の拠点であった浅間大社からみたときの富士山が三つの峰を見せることから、その視覚体験から生まれたとするもの、[15]いまひとつは、中国で神山が三峰に描かれたことから神仙思想が富士山の造形に適用されたとするものである。[16]このほか、より根源的な理由として、キリスト教における三位一体、仏教における三宝、神道における三種の神器など人間の「三」への絶対的な信頼をあげる説もある。[17]いずれにしても、この三峰型は富士山を描く絵画の主流となった。

富士図の典型

室町時代には禅宗寺院を中心に水墨画が流行する中で、やがて富士山そのものを主題と

（14）高橋真作「狩野元信印「富士曼荼羅図」の画家と注文主」『國華』一四四八、二〇一六年六月

（15）成瀬不二雄「日本絵画における富士図の定型的表現について」『美術史』一一二、一九八二年および同『富士山の絵画史』中央公論美術出版社、二〇〇五年、二五―二九頁

（16）竹谷靱負『富士山の精神史―なぜ富士山を三峰に描くのか―』青山社、一九九八年

（17）河野氏前掲注（5）論文

図4　伝雪舟《富士三保清見寺図》永青文庫

する水墨山水画が登場する。伝雪舟筆《富士三保清見寺図》（図4永青文庫蔵）は三保の松原と清見寺を前景に富士山を眺める構図の水墨画で、富士図の古典とされる。雪舟等楊（一四二〇〜一五〇六？）は明時代の中国へ渡った禅僧で、周文を師とし、南宋時代の馬遠や夏珪、明時代の浙派の絵画に学んだ。

　雪舟は実際には富士山を見ることなく《富士三保清見寺図》を描いたと考えられ、対角線状に画面の一角に景物をまとめて配置し、大部分を余白として残す構図は、中国の南宋絵画に倣っている。雪舟は余白にかすむような遠山を配する代わりに、モチーフの外側に淡い墨を刷く「外隈」と呼ばれる水墨技法で真っ白な堂々たる富士山の形を大きく浮かび上がらせた。日本の富士山が描かれているのに、どこか中国の山水画を見ているように感じるのは、雪舟が中国の山水画に学んだ型と水墨技法をもとに、強い筆力で岩や樹木、寺などのモチーフ相互の関係を明確に描写し、充実した絵画空間を実現したからだ。

　この《富士三保清見寺図》は、雪舟が明へ渡った際に皇帝の希望で描き、詹仲和《せんちゅうわ》が着賛した作品と

図5　狩野探幽《富士山図》静岡県立美術館

して肥後熊本藩の細川家へ伝来した[18]。雪舟が明の皇帝の命で富士山を描いたという日本人の自尊心をくすぐる魅力的な伝承の力もあり、富士山・三保松原・清見寺が揃った本図は富士図の古典として後世の絵師たちに写され、規範となった。現在では雪舟自筆ではなく、雪舟の絵画を忠実に写した模本と判断されているが、模本であっても、富士三保松原イメージの源泉となっている重要な作品である。

このほか、室町時代には式部輝忠《富士八景図》（静岡県立美術館蔵）のように、中国の瀟湘八景図に倣い、季節や視点の異なる八種類の富士山を描く一連の絵画も登場した。京都と鎌倉の五山の禅僧たちによって書かれた五山文学では、名所を主題にした題画詩は富士山に関するものが三分の一を占め[19]、富士山への関心が高まっていた。中国絵画に学んだ水墨技法によって日本の山水を描くことが求められ、富士山は我が国の水墨山水画において中心的な画題として展開していったのである。

「自家流」の富士図

雪舟による富士図の型を継承しつつ、江戸時代に

（18）　三宅秀和「細川家伝来「雪舟富士絵」再見」『聚美』二九、二〇一八年

（19）　横田忠司「中世実景図研究―禅僧の語録・詩文集から見た諸相」『日本美術襍稿』明徳出版社、一九九八年

新しい富士図を創出したのは江戸狩野派の祖・狩野探幽（一六〇二～一六七四）である。探幽は生涯に数多くの富士図を描き、なかでも六六歳のときに描いた《富士山図》（図5静岡県立美術館蔵）は彼の代表作である。基本的には伝雪舟《富士三保清見寺図》に倣い、三保松原と清見寺を前景として外隈の技法によって白い富士山の姿を浮かび上がらせる。しかし、山麓から湧き上がる雲煙、点景として加えられた人と自然の営みを示すモチーフなど、繊細で軽やかな色彩感覚による淡彩描写にはそれまでの富士図にはみられなかった新鮮さがある。画面各所には微細なモチーフによって中国の瀟湘八景のイメージがちりばめられ、海上を飛翔する白鶴によって和歌の聖地である住吉浜、さらには蓬莱山のイメージまでもが重ねられている[20]。

探幽は生涯を通じて京都と江戸を繰り返し行き来し、少なくとも二四回は東海道側から富士山を眺める機会があった。彼が残した写生図には、富士山から湧き上がる雲煙の変化を追った図や、社寺の位置、名物の団子まで、旅で目にした土地の情報が記されている。とはいえ、その情報がそのまま富士図に描かれるわけではない。探幽は眼前の風景を熟視する中で蓬莱山や、瀟湘八景、住吉浜など、さまざまなフィルターを重ね、そこで獲得したイメージをもとに、新しい富士図をつくりだしたのである。

探幽は《倣古名画巻》（個人蔵）で和漢の古名画に倣って中国の画家二三名と日本の画家三名の絵画を描き、巻末には得意の富士図を描いた。彼はその富士図に「自家流」と記し、自身が創出した新たな富士図には並々ならぬ自信を持っていたことがわかる[21]。後に南画家の桑山玉洲（一七四六～九九）は、探幽の富士図を絶賛し、その理由を、探幽が深く真の風景を熟覧し、気韻によって形を求めたからだと見抜いている。写生画を旨とする円山応挙

(20) 山下善也「探幽筆富士山図における学習と工夫」『美術史』一三六、一九九四年

(21) 徳川将軍の文化的覇権を示す〈王朝絵画〉としての探幽富士山図については、松島仁「富士山と徳川将軍―狩野派絵画から読み解くイメージの政治学」『聚美』一八、二〇一六年を参照

（一七三三～一七九五）も探幽の富士図にみられる外隈の技法を称賛するなど、探幽の富士図は流派の枠を超えて江戸時代の富士図の新たな規範となった。

おわりに

最後に、「富士の画家」横山大観（一八六八～一九五八）の富士図について述べたい。近代に富士山を最も多く描いた画家は横山大観であろう。生涯に描いた富士図は約一五〇〇点にのぼり、その三分の一にあたる五二四点が一九二七（昭和二）年から一九四四（昭和一九）年、昭和初期から太平洋戦争の時期に集中して描かれた[22]。大観の富士図は戦争とは切っても切れない関係にあるのだ。

この頃に大観の描いた富士山の頂角は実際の角度に近く、その形と山頂部分を大きくとらえる構図は、「富士の写真家」と呼ばれた岡田紅陽（一八九五～一九七二）の写真に共通する[23]。大観は紅陽が紀元二千六百年を記念して出版した写真集『富士山』（図6）の装丁を手掛け、表紙写真はまるで大観の富士図のようである。大観自身もカメラが好きで日常的に持ち歩き、紅陽の写真を使って絵画を制作したこともあったというから、富士図の制作にあたっては写生図よりも写真を活用していたはずである。

紅陽は写真家としてカメラで、大観は画家として絵筆で国に奉仕する「彩管報国」を旗印に、富士山を日本の象徴として繰り返し表現することで、戦時下の国民にナショナリズムの高揚を促した。《日出処日本》（宮内庁三の丸尚蔵館蔵）はこの時期を代表する富士図の

（22）大智経之「大観の富士画について」『財団法人横山大観記念館館報』七、一九八九年

（23）大観と写真については、小原真史『富士幻影―近代日本と富士の病』IZU PHOTO MUSEUM、二〇一一年、三七～四三頁および遠山孝「横山大観の画業」『財団法人横山大観記念館館報』二、一九八四年を参照

大作で、一九四〇（昭和一五）年の「紀元二千六百年奉祝美術展覧会」に出品された。同じ年の「横山大観紀元二千六百年奉祝記念展」では、富士山や太平洋などを描いた《山に因む十題・海に因む十題》の売上金を軍用機四機の制作費として軍部へ献納している。

水戸藩士の子として生まれた大観は熱心な皇国思想の人であったが、同時に、画家としての原点ともいえる東京美術学校の卒業制作《村童鑑猿翁》（東京藝術大学蔵）は、師の橋本雅邦を猿廻しの翁に見立て、同級生を子どもたちとして描いた微笑ましい作品で、周囲を喜ばせる絵画を描く人であったと見受けられる。事実、大観は多くの求めに応じて何度でも同じような富士図を描き[24]、自ら富士図を各所へ寄贈もしている。

大観の富士図はジャンルとしては山水画・風景画より、自画像として捉えた方が、本質が見えてくる。大観は写真を活用して実物に近い頂角の富士図を描いておきながら、形を似せて描くことを戒め、「富士を描くということは、富士にうつる自分の心を描くことだ。心とはひっきょう、人格にほかならぬ。それはまた気品であり、気はくである。富士を描くということは、つまり己を描くことである[25]」と述べる。大観の富士図は、彼が「かくありたい」と願う心や人格を富士山に託して描いた自画像なのだ。それらは国民国家の自画像でもあり、ときに気高く雄大で、ときに空虚で陳腐であった。そして、彼がこれほどまで富士図を描いたのは、それを求める人々がいたからである。大観の富士とは「天皇制が眼に見えないかたちで大衆の精神性に深く浸透していた情況、そこに存在する権力を目に見えるかたちにした、下からの権力の象徴であった[26]」との指摘もある。そして、現在も大観の富士図は国民的な人気があり、多くの人が同じような富士図を好み、求める。

本学の「歴史と文化」の講義で、初回に学生に富士山の姿を絵と言葉で描いてもらった。

(24)「私は富士山をよく描く。今も時折り描いています。おそらく、今後も描くことだろうと思います。一生のうちに富士山の画を何枚描くことになるか、それは私にもわかりません。といっても、自分から進んでいつも富士山ばかり描くというのではありません。富士山、富士山といつでもたくさん持ち込んで来られるからです」横山大観『大観画談』大日本雄弁会講談社、一九五一年、一六二頁

(25) 横山大観『私の富士観』朝日新聞、一九五四年五月六日付

(26) 古田亮『視覚と心象の日本美術史―作家・作品・鑑賞者のはざま―』ミネルヴァ書房、二〇一四年、三七六―三九六頁

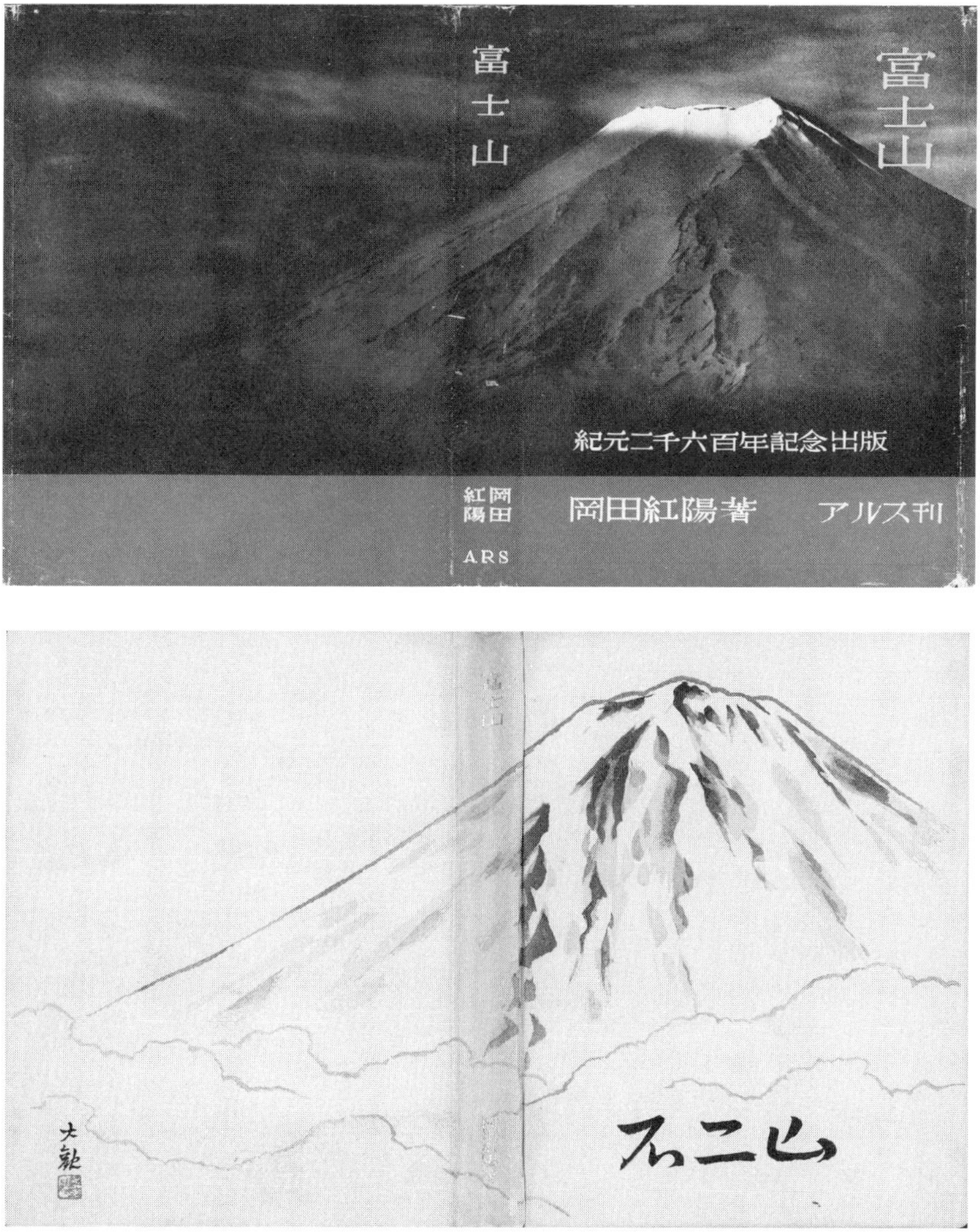

図6　岡田紅陽『富士山　皇紀弐千六百年奉祝出版』（装丁 横山大観）アルス　1940年

頂角鋭い古典的な富士山からなだらかな稜線の富士山まで多彩な図が揃い、傑作は全国チェーン店の看板に囲まれた現代的な富士山であった。都留へ来て初めて富士山を見た学生は、故郷の祖父母に自分の好きな富士山の姿を見せたいと言う。それぞれが思い描いた富士山の姿を大切に、自分自身の眼で富士山をみつめ直してほしいと願う。

〔参考文献〕
成瀬不二雄『富士山の絵画史』中央公論美術出版、二〇〇五年
山下善也「富士の絵、その展開と諸相」青弓社編集部編『富士山と日本人』青弓社、二〇〇二年
「特集富士山─型の形成と展開」『聚美』二九、二〇一八年
本研究はＪＳＰＳ科研費ＪＰ１７Ｈ００９０８の助成を受けた。

葛飾北斎《冨嶽三十六景　甲州石班澤》東京富士美術館蔵

column

一九世紀に西洋人が描いた富士山

ローレンス・ウィリアムズ
加藤めぐみ 訳

一八五〇年代半ばに日本が「開国」し、アメリカとの貿易をはじめる以前、西欧には富士山に関する記述や描写はほとんど存在せず、富士山を実際に見たことがあるという旅行者はほんのひと握りだった。一七・一八世紀に将軍に謁見するため定期的に江戸城を訪れたオランダ人商人たち、そしておそらく一七七九年の三度目の航海で日本の海岸沿いを通り過ぎ「孤を描くような頂きがはるかかなたの内地の空に浮かぶ、高くそびえ立つ山」と描写したジェイムズ・クック船長が、遠くからちらりと見た程度であっただろう。

欧米の人たちが富士を「発見」したのは、一八六〇年代以後、ペリー来航ののち世界の日本への関心が爆発的な高まりをみせたなかでのことだった。その山は外国人にとって国際的な日本のシンボルとなるのに文字通りぴったりの位置にある。日本と西洋との通商のために開かれた主要港である横浜から見えるし、五〇マイル離れた沖からでも見えるので、蒸気船で近づいたときに最初に目に飛び込んでくる。また当時の日本の街に高い建物がほとんどなかったこともあり、開港場以外、日本を旅したことがない西洋人でも簡単に富士を見ることができた。メアリー・クロフォード・フレイザーのような長期滞在者たちが書き記しているように、富士はいわば、日本での暮らしのなかでいつも目にする空の景色の一部だったのである。

ヴィクトリア時代も後期に入ると、西洋では「フジヤマ」を描かなければ日本の描写は完成しないとでもいわんばかりで、決まってそのなめらかな曲線、左右対称の形、孤高の山としてそびえ立つ姿が狂想的に讃えられた。山といえばアルプスやロッキーのような山脈ばかりを見慣れている西洋人旅行者にとって、富士山が独立峰であるという点は、特に目を引いたのである。イザベラ・バードの『日本奥地紀行』（一八八〇）は、横浜に近づく蒸気船のデッキから見た富士山の「素晴らしい光景」からはじまる。「遠くの空の思いもかけない高いところに、頂が途切れた巨大な円錐状の山が見えた。鉛色をした山は素晴らしい曲線を描いて薄青色の空に向かって海の上にそびえ、海抜一万三〇八〇フィートの頂きには真っ白な白い雪がかぶっていた。[1]」同一八八〇年発行のイギリスの国会議員サー・エドワード・リードによる『日本―その歴史、伝統、宗教』では、表紙にも富士が描かれ「たとえ日本の記憶が一つ一つ薄れていくことになっても、富士山の記憶だけはきっと最後の最後まで消えることはないだろう」と謳われている。

ヴィクトリア時代の旅行者たちの富士山熱は、西洋に持ち込まれた本物の日本美術とジャポニズムのまがい物の双方に描かれた富士山を見慣れていたこともあり、来日するずっと前から、広範囲ではじまっていたといえる。一八七〇年頃すでに、アーサー・カーライルが、西洋人ならではの誇張を少し含みつつも、富士は「ほとんどすべての日本の花瓶、ほとんどすべての日本の絵画に描かれているようだ」とまで書けたほどだし、その山のイメージは日本の地に足を踏み入れたことさえない多くの人々にもインスピレーションを与えた。ラフカディオ・ハーンは、のちに西洋に日本を紹介した人物として知られるようになるが、一八八四年、ニューオリンズで行われた世界博で日本文化とはじめて出逢う。そこで彼は「日本の人々、風景、そして何より富士山、火口の縁が聖なる蓮の八枚の花びらのような形をした比類なき山、偉大な画家、北斎がひとりで百種類もの姿を描きえた富士山の光景」を目にするのである。その六年後、ついに来日を果たした際、ハーンは最初に受けた印象の色眼鏡で日本を眺めることとなる。「東洋での最初の一日」と題されたエッセイで、横浜の市井の人々は「北斎の描いた蓑《みの》を着て歩く人たち」のように描かれ、万物の上に空高くそびえるは、まさに「夢のような円錐…神々しく輝く大地と天空の狭間に幽かに見える頂きこそ、神聖で比類なき山、富士山」と綴られている。

そのような富士の描き方からも、ヴィクトリア時代の旅人たちが富士山そのものだけでなく、日本人流の富士山の愛で方にも関心を寄せていることがわかる。仏教や神道の奥深さについての理解は、たいてい頼りないものだが、ほとんどの旅行者たちは、富士山が「神聖な」山であるという点は認識している。またエレン・ウォルワースが一八七七年に記した「日本人が富士山を「霊峰」と呼び、信仰の対象にしているなんて呆れるわ。まあ、眠そうな顔をした古びた神様や踊る妖怪たち以外に崇めるものがなかったら、私もきっとそうしていただろうけど」といった言葉は、日本人の信仰をなんとなく小馬鹿にしたようなヴィクトリア時代の人々の態度を的確に捉えている。

ハーンが江戸時代の画家、葛飾北斎（一七六〇—一八四九）について言っているように、日本の富士山の木版画が、西洋人にとって日本を知る重要な基点となる。ローレンス・オリファントが英国使節団から日本に向けて記した文書では、一八六〇年に早くも北斎の『富嶽百景』に掲載された絵の複製画が西洋に広く出回るようになったとあり、一八八〇年にはその本全体をフレデリック・ヴィクター・ディッキンズが英語に翻訳した。二〇世紀初頭には、北斎の『富嶽三十六景』（一八三〇—三二）の《神奈川沖浪裏》が、西洋における日本美術のなかで最も知られる作品となり、クロード・ドビュッシーやヴィンセント・ヴァン・ゴッホなどにも影響を与えた。

このように浮世絵が広く流通したことが、当然ながら西洋人の富士の描き方を決定づけることとなる。作家や画家たちは、北斎や広重が描いたように、中景をなくして、富士を前景と一緒に描くといった特異な遠近法をもちいた実験をしばしば試みる。そしてまた頻繁に日本の木版画を思わせる単調な色づかいで平面的に山を描く—明るく、極めて鮮やかな色彩で描くか、あるいはその幽玄な姿を風景に溶け込むように描くか、いずれかの方法で。日本美術の影響は、より科学的とされる描写にも見受けられる。例えばバードが『日本探訪記』の冒頭で描いた富士の絵は、自分自身の観察に基づいて描かれたはずなのだが（図1）、北斎の《相州梅沢庄》と構図が似ていて、縦に歪んだ山の曲線は北斎を思い起こさせる。

西洋人たちは、たいてい遠くから富士を臨んでいたが、冒険好きな旅行者のなかには地元のガイドを伴って、その山を登ろうとした者もいた。そんな西洋人のなかで最初に登ったとされるのは、イギリス人外交官のラザ

図1　富士山

図2　富士登山

フォート・オールコックだった。彼は一八六〇年、シーズンオフの九月初旬、日本の役人たちの猛烈な反対を押し切って富士山に登った（図2）。いかにもヴィクトリア時代の帝国主義的な振る舞いとして、オールコックはユニオン・ジャックを掲げ、祝砲をあげて《神よ、女王を守りたまえ（ゴッド・セイブ・ザ・クィーン）》を歌い、登頂を祝ったという。そのほか富士山に登った西洋人のなかには、自身の最初のエッセイ『異国風物と回想（一八九八）』で自らの仏教的な「巡礼」の試みについて書き記したハーンがいる。また、エドモンド・グレゴリー・ホルサムは一八七八年、「見るべき景色は何もない。二〇〇年以上もの間、沈黙を守ってきた古く崩れたクレーターには、なんの面白みもない」と荒涼とした富士の火口を目にした人々にありがちな失望を綴った。ほとんどの西洋人は貿易港からより行きやすい南側（特により難しいとされる御殿場ルート）から富士に登るのだが、ホルサムは珍しく山梨県側の吉田ルートから富士に登っている。友人から吉田ルートの方が登りやすいと教わったからだという。

　西洋で女性の登山が広がりはじめた時代、ルーシー・ウォーカーやリリー・ブリストウのような人々の努力のおかげで、多くの先駆的な女性旅行者たちが富士山に登った。最初に富士登頂を果たした西洋人女性はおそらくファニー・パークスであろう。彼女は外交官の夫、ハリー・パークス卿とともに一八六七年に登った。そのタイミングも絶妙だった。というのも政府がそのちょうどその七年前に富士登山を女性に解禁したからである。その後、富士に登った女性のなかには、一八八〇年『ハーパーズ・マガジン』初出のエッセイ「富士登山」を記したコンスタンス・ゴードン・カミングや「日本での人力車の日々」（一八九一）に自身の経験を綴ったエリザ・シッドモアなどもいた。

（1）この日本語訳についてはイザベラ・L.バード著、金坂清則訳『完訳 日本奥地紀行〈一〉横浜・日光・会津・越後』（平凡社、二〇一二）四二頁を参照した。

〔図版出典〕

図1 "Fujisan", in Isabella Bird, *Unbeaten Tracks in Japan* (London: John Murray, 1880), volume 1, p.13.

図2 "Ascent of Fusiyama", in Rutherford Alcock, *The Capital of the Tycoon: A Narrative of a Three Years' Residence in Japan* (London: Longman, 1863), volume 1, p.424.

ゴジラと富士山

志村三代子

1　ゴジラと富士山、星座に認定　NASA

NASAなどが参加する研究チームが、ガンマ線観測衛星「フェルミ」の打ち上げ一〇周年を記念し、日本を代表する怪獣「ゴジラ」や富士山を星座として新たに認定したと発表した（「日本経済新聞」二〇一八年一〇月一九日付）。これらは、オリオン座やカシオペヤ座といった、八八個あるとされる一般的な星座とは異なる電磁波の一種で、目には見えない「ガンマ線」を放つ天体を線で結んだ独自の星座である。富士山の選定理由は、日本の研究への貢献の象徴であること、一方のゴジラは、東宝やNASAによると、ブラックホールや中性子星の活動でガンマ線が大量に放出される「ガンマ線バースト」と呼ばれる現象が、ゴジラが放つ放射熱線と似ていることと、「映画界で最も有名なモンスターの一つで、日本の大衆文化の象徴的なシンボル」であるという。

同じ「象徴」ではあるものの、富士山とゴジラではずいぶん趣きが違うと訝《いぶか》しむ向きもあるのかもしれない。ゴジラは、一九五四年にスクリーンに初登場以来、二〇一九年の現在において、ハリウッドとアニメーションを含めると三〇回以上も映画化され、二〇〇四年には日本のキャラクターとしては最初のHollywood Walk of Fameに選ばれるなど、世界で最も有名な怪獣である。全世界的に見れば、富士山よりもゴジラの方が有名であると主張するのはあながち間違いではないだろう。もっとも映画は、ゴジラを生み出す以前から富士山を描いてきた。それは、日本映画はもとより外国映画も同様であり、プッチーニの『蝶々夫人』の映画化作品である『Madame Butterfly』（一九三二年、製作＝パラマウント・ピクチャーズ、監督＝マリオン・ゲーリング、日本公開名『お蝶夫人』）の冒頭は、富士山の全景から始まる。一九二四年に製作された日独合作映画の『武士道』（製作＝東亜キネマ、監督＝賀古残夢・ハインツ・カール・ハイラント）では、ドキュメンタリーでないにもかかわらず、「岩肌の荒々しい海岸、巨岩を配した日本庭園、池を配した日本庭園、草丈の長い雑木林、保津川、富士山、鎌倉・長谷の大仏、奈良公園、姫路城、彦根城、吉原遊廓」などが紹介され、吉原以外はロケーション撮影されているという。一般人による外国への渡航がほとんどなかった戦前において（日本国民の海外旅行の自由化は一九六四年である）、当時の人々は、写真や映画といったメディアによって、外国の風景や風俗を享受していた。『武士道』もまた、劇映画でありながら、欧米への輸出を前提に製作された日本の宣伝映画の機能を担っており、富士山は、日本の代表的な景観の一つとして選ばれたのである。

『新しき土』（製作＝Dr. Arnold Fanck-Film、J.O.スタジオ、東和商事G.K.、監督＝アーノルド・ファンク・伊丹万作、ドイツ版公開タイトルは『侍の娘』）は、『武士道』と同じく「日独合作映画」であり、日独防共協定が締結された翌年に公開され、戦前・戦後の大スターである原節子が主演したことから、大変な話題を集めた作品である。本作は、ストーリーが破綻していることから作品自体は不評であったが、撮影技術の素晴らしさに賛辞を述べる感想が多く、特に山岳映画の名匠として知られたアーノルド・ファンクが演出した風光明媚な富士山の美しさに注目が集まった。しかしこのような壮大な富士山の美観は、アジア・太平洋戦争期にはアメリカのプロパガンダ映画に転用されていく。たとえば、米国財務省が戦時公債の宣伝のために製作した『My Japan』（一九四三年）は、日本人に扮したアメリカ人俳優が奇妙なアクセントの英語で観客に語りかける場面から始まるが、その後に続く映像は『新しき土』の一部のショットであり、魚に餌をやる原節子とクロースアップで撮られた美しい原の笑顔に続き、富士山があらわれる。ところが、この富士山のショットは、霊峰富士が日本の「統治」を命じるという内容のナレーションが重ねられ、その直後に日本軍兵士たちが星条旗の代りに日本国旗を吊るし、「万歳！」と叫ぶショットが挿入される。『My Japan』では、日本軍による侵略と殺戮が繰り返され、本作の後半にも爆撃の直後に富士山があらわれるため、あたかも富士山が日本兵の蛮行にお墨付きを与えたように見えてしまう。『武士道』や『新しき土』では、賛美すべき代表的な日本の景観として、『My Japan』では、敵愾心高揚のためのアイコンとして、戦前の富士山は、同盟国と敵国によるそれぞれのプロパガンダ映画で、全く対照的な役割を果たしていたのである。

2　対決の場としての富士山

戦後の外国映画における富士山のイメージは変化したのだろうか。戦後の東京で最初にロケーション撮影された『東京ジョー』（一九四九年、製作＝コロンビア、監督＝スチュアート・ハイスラー）でも、タイトル・バックにあらわれるのは、一九三二年の『Madame Butterfly』と同じく全景の富士山であり、それはあたかもハンフリー・ボガード扮する主人公のジョーが、占領期の羽田空港に降り立つ直前の飛行機から眺める最初の景色が富士山であるかのようだ。一九五五年に公開された『東京暗黒街　竹の家』（製作＝二〇世紀フォックス、監督＝サミュエル・フラー）では、スクリーンいっぱいに広がる雪景色の富士山を背景に、黒い煙を吐きながら蒸気機関車が走っていく光景が見られる。本作は、舞台が東京に設定され、アメリカのギャングの暗躍と、ギャングに友人を殺されたアメリカ人の男・サンディ（ロバート・スタック）が潜入捜査を行うなかで、日本人女性マリコとの恋愛を描いたフィルム・ノワール（犯罪映画）であり、山口淑子（李香蘭）が、マリコに扮したほか、サイレント時代のハリウッドの大スター早川雪州が出演した。ハリウッドの人気ジャンルであるフィルム・ノワールのロケ地になぜ日本が選ばれたのだろうか。当時のハリウッドは、従来のスクリーンの縦横比がほぼ同じのスタンダードサイズから横画面が縦画面のほぼ二倍にあたるシネマスコープを開発し、急成長するテレビ産業に対抗した。シネマスコープが映える映画として相次いで製作されたのが、『慕情』（一九五五年）や『愛の泉』（一九五四年）といった外国の美しい風景やアメリカにはない風俗を紹介した「観光映画」であり、『東京暗黒街　竹の家』もまたアメリカの観客にとっての「観光映画」の一種であった。シネマスコープの画面を活かすにあたって、富士山は、日本のロケ地として最適の場所であったのである。

『東京暗黒街　竹の家』は、富士山を背景にした殺人と軍事物資の強奪からはじまるが、この撮影には、富士山麓電鉄（現・富士急行）の富士吉田駅から河口湖駅の路線と蒸気機関車が駆り出された。当時の富士山麓電鉄は、既に電化されていたため、蒸気機関車を運行するために、わざわざ国鉄から蒸気機関車を借り入れた。そのために一九五五年の二月七日から九日の午前七時三〇分から午後四時までの期間を運休せざるをえなかったという。地元住民がエキストラで出演し、富士吉田署はパトロール・カーを動員して交通整理にあたったが、公共機関を止めてまでのハリウッドによる撮影は当時の不興を買ってしまった。さらに『東京暗黒街　竹の家』は、封切後も日本人から見ると「勘違い」の描写が批判され、「国辱映画」という汚名を着せられてしまったのである。だが、本作のこのような不名誉な結果以上に興味深いのが、雄大な富士山を背景に殺人が行われるといった、富士山がアクションの場として機能している点である。周知の通り、現実を切り取った芸術表現である写真と最も異なる映画の利点は、その対象が動くことであり、それがダイナミックに動けば動くほど、さらにその背景が雄大であればあるほど、メディアとしての映画の魅力が増す。そのように考えると、日本映画において、富士山ほどアクションの背景にふさわしい場所はない。

『東京暗黒街　竹の家』のラストシーンでは、浅草松屋の屋上遊園地にあったスカイクルーザー（回転式展望台）が登場するが、スカイクルーザーも富士山と同じくアクションの場として（主人公とギャングのボスが拳銃を使っての死闘が繰り広げられる）捉えられている。『東京暗黒街　竹の家』は、フィルム・ノワールの重要な要素であるアクションの場として冒頭に富士山、ラストシーンにスカイクルーザーを取り上げ、それらをシネマスコープの画面を最大限に活かすことによって、日本の「観光映画」の側面を持ったユニークなフィルム・ノワールになったのである。

アクションの場としての富士山の役割は、その後はゴジラ映画に引き継がれていく。そもそもゴジラは、最初の『ゴジラ』（一九五四年、製作＝東宝、監督＝本多猪四郎）の封切前年に公開されたハリウッド映画『原子怪獣現る』（製作＝Jack Dietz Productions、監督＝ユージーン・ルーリー）のストーリーと怪獣リドサウルスにインスピレーションを受けていた。だが同時に、『ゴジラ』は、一九五四年の三月におこった第五福竜丸事件を契機とした水爆実験に対する怒りのメッセージが込められた反核・反戦の意図を持つ社会派映画としても知られている。しかし、ゴジラのシリーズ化が進むうちに娯楽色が強まり、製作サイドも新味を出そうと、ゴジラ以外にも他の怪獣を続々と登場させ、物語の主軸がゴジラ対他の怪獣の戦いへと移行し、観客層の低年齢化に拍車がかかった。ゴジラとその好敵手たちによる対決の格好の場として選ばれたのが、富士山であったのはいうまでもない。ゴジラ映画で最初に富士山が登場する作品は、富士山麓でゴジラとキングコングが決戦する『キングコング対ゴジラ』（一九六二年、監督＝本多猪四郎）であり、ゴジラとハリウッドとの浅からぬ因縁がうかがえる。宇宙怪獣のアンギラスが初登場する『三大怪獣　地球最大の決戦』（一九六四年、監督＝本多猪四郎）では、富士山をバッグにゴジラとラドンが大暴れし、『怪獣大戦争』（一九六五年、監督＝本多猪四郎）でも富士山を背景にゴジラとラドンが対決した

図1　「三大怪獣　地球最大の決戦」(写真提供：東宝、写真協力：公益財団法人川喜多記念映画文化財団)

ため、富士山本宮浅間大社周辺の住民たちが逃げまとい、ゴジラは建物と民家を破壊してしまう。『怪獣総進撃』（一九六八年、監督＝本多猪四郎）は、タイトル通り、これまでのゴジラ映画に登場した怪獣が結集する映画であり、ゴジラ・モスラ・ラドン・ミニラ・キングギドラ・アンギラス・バラゴン・クモンガ・バラン・マンダ・ゴロザウルスの総勢一一もの怪獣たちが富士の裾野で暴れまわった。

富士山が怪獣同士の対決の舞台に選ばれたのは、なにも東宝のゴジラ映画だけでない。たとえば、ゴジラと同じ東宝による『地球防衛軍』（一九五七年、監督＝本多猪四郎）でも宇宙人の秘密基地に使用され、大映製作の『大怪獣空中戦 ガメラ対ギャオス』（一九六七年、監督＝湯浅憲明）では、富士山が噴火し（この富士山はもちろんミニチュアである）、その噴火エネルギーを求めてガメラがあらわれるなど、一九五〇年代から六〇年代の特撮映画では、怪獣たちや宇宙人が襲来する背景には富士の裾野が広がっていたのである。富士山がロケ地として好まれたのは、日本一高くかつ最も美しい山容を誇るとされる富士山をバックに怪獣たちを格闘させると、単純に画面が「映える」ことが一番の理由であろうが、富士山が、怪獣たちと同一画面上に配置されることで、観客が怪獣の大きさを推し測る格好の指標となるからだろう。これらの富士山は、ロケーション撮影された実景ではなく、美術スタッフがホリゾント（撮影所のステージ内にぐるりと貼ってある布でできた壁）に描いた背景画であり、たとえば、ゴジラ映画では、『キングコング対ゴジラ』、『三大怪獣 地球最大の決戦』、『怪獣大戦争』、『怪獣総進撃』のなかの富士山は、背景画を担当した島倉二千六《ふちむ》によるものである。だが、背景画といえ、ゴジラ映画のなかの富士山は、銭湯の背景画によくあるキッチュなものではない。観客は、実は着ぐるみの怪獣たちをリアルに見ていたように、背景画のなかの富士山を本物として捉えていたのであり、こうした背景画からも当時の特撮技術の優秀さがうかがえる。

一九六〇年代のゴジラ映画は、主に怪獣同士の格闘技を見せ場とした子供向けの娯楽作品であったが、七〇年代になるとテーマを環境破壊へと舵を切った作品があらわれる。その背景には、一九六〇年代以降の環境問題への関心の高まりがあるが、なかでも富士スバルラインの自然破壊や富士山のごみ問題など富士山周辺をめぐる環境破壊は大きな社会問題として取り上げられた。富士山周辺の環境保護対策として、一九六二年の新生活運動協会の「国土を美しくする運動」（略称「国土美運動」）の創設を経て、同年に地元を中心とした美化清掃団体である「富士山をきれいにする会」の発足へと結びつくことになるが、このような富士山地域の美化清掃活動は、東京オリンピックを背景に国土美化の一環と捉えられるとともに、環境保護の先駆的な役割を果たしていた。

環境庁が発足した一九七一年に公開された『ゴジラ対ヘドラ』（一九七一年、監督＝坂野義光）では、駿河湾の汚染がテーマではあるものの、当時の環境破壊の象徴が富士山のごみ問題であったことを考えると、五度も富士山が映し出されるのは納得がいく。一度目は冒頭にあらわれる富士山の全景であり、林立する工場の煙突から黒煙が噴き出し、工場廃液に汚染された海が映し出され、ぶくぶくと泡を出して大きな目を光らせた怪獣の頭があらわれる。二回目は麻里圭子が歌う海洋汚染を嘆く歌詞が流れるなかで、海に浮かぶゴミが散乱したショットの後に、色とりどりの菊の花々が映されたかと思うと、ゴジラのフィギュアを抱いた子供の背景に再び富士の全景があらわれる。その後、駿河湾のヘドロから生まれた怪獣＝ヘドラが、田子の浦に上陸すると、煙突から出る煙とともに雲に覆われた富士山が再び登場するが（三度目）、これは実景だろう。『ゴジラ対ヘドラ』では駿河湾に面した富士市が甚大な被害を受けるが、一方で富士急ハイランドのジェットコースターが登場するなど富士山の環境問題に両県をあげて取り組む静岡県と山梨県への配慮も見られる。四度目の富士山は、ゴジラとヘドラの格闘の後、遂にヘドラを倒し、どこへともなく還るゴジラの後ろ姿の後にあらわれる。五度目の富士山は、子供が手を振ってゴジラに呼びかけるがそれに応えることもなく背を向けて歩いて行くゴジラの姿の直後にスクリーンいっぱいに広がる葛飾北斎の『富嶽三十六景』であり、ゴジラがヘドラを打ち負かすことによって、富士山に象徴される環境破壊の危機を寸前で回避できたことを示唆しているのかもしれない。『ゴジラ対メカゴジラ』（一九七四年、監督＝福田純）では、考古学者が、沖縄の玉泉洞で発見された壁画に書かれた予言（「大空に黒い山があらわれる時、大いなる怪獣があらわれ、この世を滅ぼさんとする」）を解読するが、この予言の「黒い山」とは、「黒い富士山のような」という登場人物の台詞通り富士山であり、富士山の火口から巨大な岩石が飛び出し、大いなる怪獣＝メカゴジラが偽装したゴジラとして出現するのである。

一九九二年六月に世界遺産条約「世界の文化遺産及び自然遺産の保護に関する条約」が国会で批准され、同年一二月には山梨・静岡両県の自然保護グループでつくる「富士山を世界遺産とする連絡協議会」が発足、一九九二年は富士山の世界遺産登録運動がはじまった年であるが、この年に『ゴジラvsモスラ』（一九九二年、監督＝大河原孝夫）が公開された。本作は冒頭で富士山が噴火し、噴出する溶岩のなかからゴジラがあらわれる。富士山近郊でゴルフコースを建設しようとする悪徳企業に抗議するために、富士山を背景に垂れ幕を持って反対する人々を登場させるなど、現実の世界遺産登録運動の影響を受けた、富士山の美化清掃活動を含む広範な環境保全活動の展開が反映されている。他にもＮＡＳＡ宇宙監視センターが登場するのは、あたかも二六年後のＮＡＳＡがゴジラを星座認定した件を予期しているかのようである。

3 「オワコン」から再び世界へ

東宝を中心とした特撮映画は、一九七〇年代の日本映画の斜陽化とともに終焉を迎えるが、ゴジラ映画は平成以後も生き長らえることになる。都留市教育委員会、富士急行、ふじてんスノーリゾートが製作に協力した『ゴジラ・モスラ・キングギドラ 大怪獣総攻撃』（二〇〇一年、監督＝金子修介）では、キングギドラが富士樹海から現われ、山梨県本栖署がバラゴンによって襲撃される。『ゴジラ FINAL WARS』（二〇〇四年、監督＝北村龍平）は、ゴジラ誕生五〇周年の記念すべき映画であり、ゴジラがラドン、アンギラス、キングシーサーを次々と打ち負かし、富士山を背にゴジラが雄叫びをあげるさまは、FINAL WARSのタイトルを飾るにふさわしいが、興行成績もふるわず批評も芳しくなかった。

『ゴジラ FINAL WARS』を最後に、少なくとも日本では「オワコン」（終わったコンテンツ）と見なされていたゴジラを見事に復活させたのは、ハリウッドが一九九八年の『GODZILLA』（製作＝セントロポリス・エンターテインメント、監督＝ローランド・エメリッヒ）に続いて再び手掛けた『GODZILLA』（二〇一四年、製作＝レジェンダリー・ピクチャーズ、監督＝ギャレス・エドワーズ）だろう。本作では、フィリピン諸島で怪獣の卵が発見されてから、舞台は日本の雀路羅市へ移るが、そこでは全景の富士山が現われる。そして二〇一六年には満を持して『シン・ゴジラ』が公開された。『エヴァンゲリオン』の監督として知られる庵野秀明が演出を担当し「原点回帰」といわれた本作は、本物の富士山こそ登場しないものの、首相官邸での緊急会議シーンの壁にかかる絵画は、レプリカではなく片岡球子の『めでたき富士』である。二〇一九年公開の最新作『ゴジラ・キングオブモンスターズ』（製作＝レジェンダリー・ピクチャーズ、監督＝マイケル・ドハティ）は、主な舞台がアメリカ大陸に設定されたため、日本の描写はほとんどないが、ゴジラをはじめとした怪獣たちを調査する秘密機関「モナーク」の日本の拠点は富士山であり、いわば日本を象徴する場所として富士山が設定されているのである。二〇二〇年は『ゴジラ・キングオブモンスターズ』の続編『Godzilla vs. Kong』の公開が控えており、本家の『シン・ゴジラ』も完結したわけではない。果たして今後のゴジラ映画は富士山をどのように描いていくのだろうか。

〔参考文献〕

佐山浩・西田正憲「富士山における戦後の美化清掃活動の変遷」日本造園学会『ランドスケープ研究』六四巻、二〇〇〇年
冨田美香「大正時代の日独合作映画『武士道』にみる日本表象」立命館大学21世紀ＣＯＥプログラム『「京都アート・エンタテインメント創成研究」二〇〇四年度研究報告書』
東宝ゴジラ会『特撮円谷組　ゴジラと東宝特撮にかけた青春』洋泉社、二〇一〇年
野村宏平『ゴジラと東京 怪獣映画でたどる昭和の都市風景』一迅社、二〇一四年
田中絵里子・畠山輝雄「日本人の富士山観の変遷と現代の富士山観」東京地学協会『地学雑誌』一二四号、二〇一五年
とに〜（アートテラー）「映画『シン・ゴジラ』の首相官邸に飾られていた、あの絵の正体は?」https://spice.eplus.jp/articles/78254/images 最終アクセス二〇一九年九月一一日

早春の富士山

column

映画『典座―TENZO―』
――都留で学ぶ「禅と食」――

河口智賢

曹洞宗には六知事《ろくちじ》という重要な役職があり、その中の一つ、修行僧や参拝客の食事といった、寺院における調理全般を司る役職を「典座（てんぞ）」という。鎌倉時代、曹洞宗の礎を築き、福井県にある大本山永平寺を開創した道元禅師は、正しい仏法を求め宋の時代の中国へと渡り、そこで二人の典座和尚と出会う。それまで炊事に関わるものは、仏道修行として重きを置かれる役職ではなかった。しかし、中国で目の当たりにした二人の典座和尚との出会いが、自身の修行観を大きく転換するものとなり、典座の教えは調理のみならず、仏道を歩む上でとても大切な教えを多く含むことを学んだ。後に帰国した道元禅師は、典座の食を通して生きることを紐解く「典座教訓」を執筆し後世へと遺した。

写真1　映画『典座－TENZO－』日本を象徴する富士山と雄大な自然の中でのワンシーン

二〇一九年春、山梨県都留市と福島県を主な舞台とし、全国曹洞宗青年会が製作した映画『典座―TENZO―』は、フランスで開催されたカンヌ国際映画祭の批評家週間「特別招待部門」に選出され、海外からの驚嘆の眼差しで迎えられた。本作は道元禅師が遺した典座教訓を軸に、生きることを描いたドキュメンタリーとフィクションを織り混ぜた物語である。現代日本に生きるありのままの僧侶として、都留市にある寺で副住職を務める僧侶が、重度の食物アレルギーの息子を抱え、精進料理に励みながらも日常から垣間見る葛藤する姿と、かたや東日本大震災によって、寺も檀家も全てを流され喪失した福島の僧

写真2　映画『典座－TENZO－』メインヴィジュアル

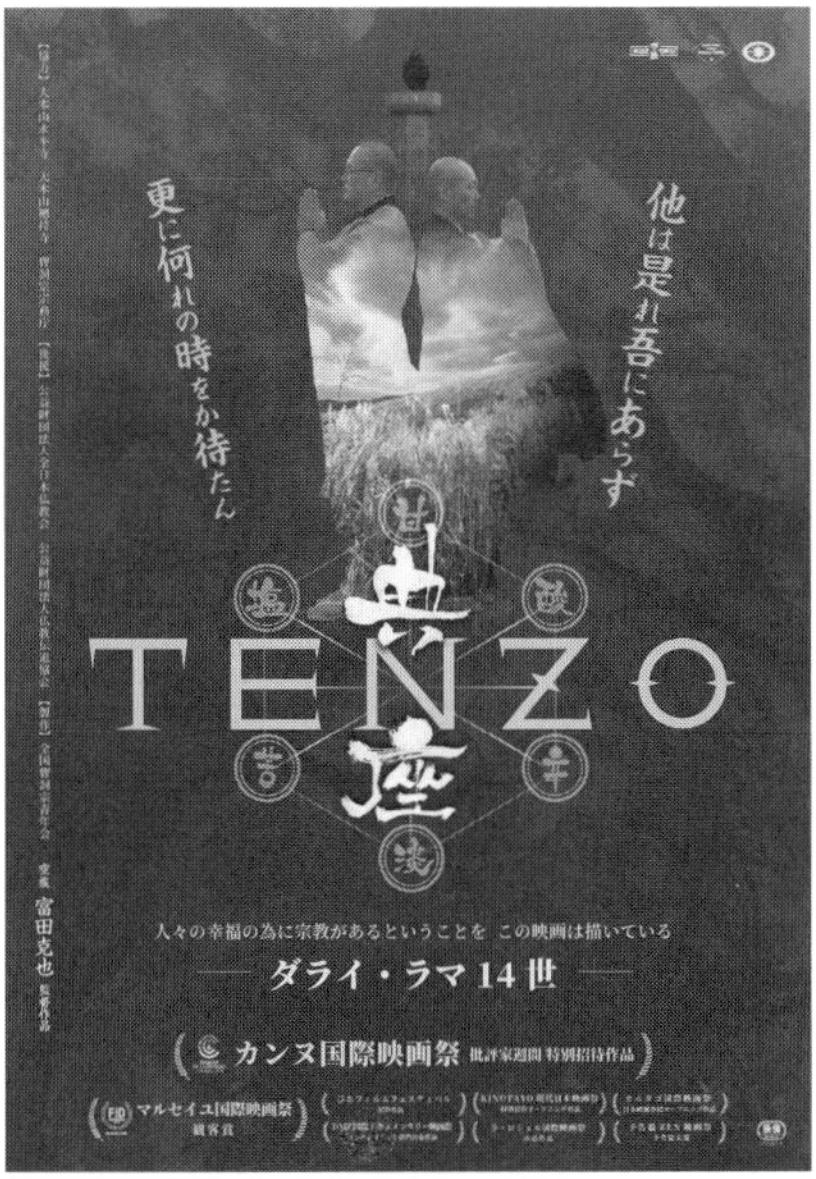

写真3　映画『典座－TENZO－』メインヴィジュアル

侶が、苦悩の中で必死に今を生きる、その両端の姿を、東日本大震災以降の日本社会のあり方と重ね合わせ描いている。そして曹洞宗の高僧、青山俊董との禅問答の中から、典座の教えを通し今を生きることの大切さを表現していく。

舞台の一つとなった都留市では、雄大な富士の湧水の恵によって富士山野菜が生産されている。実は自然豊かな風土と、「禅」は非常に相性が良い。かつて城下町として栄えた都留市内には寺院が四九ヶ寺あり、その内、曹洞宗寺院が二六ヶ寺と半数以上の割合を占めている。これは戦国時代において坐禅を中心とした禅の精神が武士に多く受け入れられた傾向があり、またその流れは庶民まで多く求められた歴史がある。

禅といえば坐禅を連想させるが、もう一つ特徴的なものといえば「禅の食」、つまり精進料理であろう。精進料理とは不殺生の観点から肉や魚はもちろん、卵や乳製品を使用しないが、他にもネギやニンニクなど臭気が強く煩悩や怒りを起こす要因を避けるために五葷《ごくん》の野菜も使用しないこと

写真4　カンヌ国際映画祭レッドカーペットで僧衣にて。日本の仏教界としても歴史的な瞬間

を基本とする。また、手元にある食材を活かし、季節折々の旬の野菜を彩る料理としても知られている。精進料理の基本として、道元禅師は「典座教訓」において、「修行僧の食事は、三つの徳と六つの味を備えるべき」と示している。三徳とは即ち、軽くあっさりと（軽軟《きょうなん》）、清潔に（浄潔）、正しい手順で（如法《にょほう》）のことである。六味とは、苦・酸・甘・辛・鹹《かん》（塩辛い）・淡という六つの味である。その中でも精進料理に特徴的なものは淡味、つまり素材の味を活かすことを心がけることである。米粒一つも同じ命の重さが宿っていることを知ることで食材を無駄にせず、それぞれの特色と味を活かすために手間を惜しまず、真心を込めて調理することが大切な心得である。そして食事を頂く側の心得として記された書物が「赴粥飯法《ふしゅくはんぽう》」である。書中、五観之偈《ごかんのげ》の冒頭に「功の多少を計り、彼の来処を量る」と示されるように、この食事が出来上がるまでの手数がいかに多いかを考え、それぞれの材料がここまで来た経路を考えてみるとある。食事をいただく側にもこのような心得を自覚することが重要である。

近年、和食が世界文化遺産へ登録されたことも含め、食事のあり方が見直されつつあることが伺える。「禅の食」とは、飽食といわれる現代において、いかに目の前にあるものが当たり前であると捉えず、食事を通して一つ一つの命の尊さに気づき、自分自身が生かされているこの命と向き合う「行」であると言える。

第3部

〈自然〉富士山の大自然と対峙する

富士山とは——世界遺産と環境保全——

渡辺豊博

1　富士山の「世界文化遺産」登録の意味

富士山は、二〇一三年六月二二日カンボジアのプノンペンで開催された、第三七回ユネスコ世界遺産委員会において「世界文化遺産」への登録が決定した。「日本の宝物」が「世界の宝物」として国際的に認められた「証」といえる。多くの日本人が憧れと畏敬の念を持ち、秀麗な富士山を尊ぶ「心」が、類まれな普遍的な価値を持つ世界的な宝物に評価されたのである。

世界遺産は、一九七二年の第一七回ユネスコ総会で採択された世界遺産条約の中で定義されており、二〇一八年一二月現在、一〇九二件（文化遺産八四五件、自然遺産二〇九件、複

写真1　富士信仰の証「品川富士塚」

合遺産二八件）で、条約締結国は一九三カ国となっている。現在、日本には世界遺産が二三件（文化遺産一九件、自然遺産四件）あり、富士山は一七番目に登録された。

登録の正式名称は、「富士山―信仰の対象と芸術の源泉」である。富士山が内在する「信仰」「芸術」「景観」の三つの価値が、ユネスコが定めるクライテリア（評価基準）に適合・評価され登録されることになった。この中で最も重要な価値基準は、「信仰の山」「神なる山」としての富士山の価値である。

富士山信仰の起源は紀元前にさかのぼり、度重なる噴火を鎮めるために、火口底に鎮座する神を「浅間大神《あさまのおおかみ》」として祭ったことに始まる。当時の日本人は「荒ぶる山」、噴火を繰り返し、天災や飢饉を引き起こす「恐ろしい山」として、富士山を信仰の対象にしていた。

信仰登山としての「登拝」は、約一〇〇〇年前から行われ、平安時代末期、山頂に寺院などが建立され、室町時代には日本古来の山岳信仰と密教などが融合した「修験道」の道場となった。江戸時代には組織的に登拝を行う「富士講」が大流行し、多くの人々が富士登山を行うことになり、記録では年間ピークで二万人近くが登山したといわれている。

登山者は、山梨県富士吉田市などに今も残る御師《おし》（宿坊）に泊まり、富士山信仰と登山の案内役でもある「先達」の宗教的な指導のもと、白装束をまとい、「懺悔《さんげ》懺《さん》悔《げ》・六根清浄《ろっこんしょうじょう》」を唱えながら、一合目から徒歩で山頂を目指した。現在は、五合目まで車で容易に行けて、そこからの登山者がほとんどであり、古来からの富士登山とは、大きく異なり「観光の山」に変質してしまった。

　しかし、先人は、遠く江戸などから長い道のりと時間をかけて、徒歩により富士山を目指した。その思いと行動の源泉は何だったのか。憧れの富士山に登り、拝むことによって自分の行状を懺悔・反省し、本当の自分を苦しさ辛さの中から見つけ出したい意思があったのではないのか。過酷で危険な状況に自分を追い詰め、逃避・回避できない閉塞的な状況の中から、困難に負けない強い自分を見つけ出すことを目的とした「精神修行の山」だったのである。

写真2　青木ヶ原からの溶岩で埋まる田貫湖

　何故、日本人は富士山を目指すのかを考えた時に、先人から引き継いだ登拝信仰の遺伝子が潜在的に影響しているとともに、富士山が内在する巨大なパワーが人々の思いや不安を受け止め、苦しみを通して「元気」を与えてくれているからではないかと考えている。

　今後三〇年以内に富士山が噴火する確率は、七〇%以上あるそうだ。一七〇七年の「宝永の大噴火」から三〇〇年以上も噴火していない。それ以前は、大体、二〇〇年に一回は噴火を繰り返していた。「荒ぶる山」として噴火の予兆・危険性が増大している中で「世界文化遺産」登録を切っ掛けとして、日本人は、富士山への畏敬の念を強く持つとともに、富士山の本質性や文化歴史性を学術的・総合的に学ぶことが求められている。

著者は、都留文科大学において「富士山学」を開講し、「文化・歴史・芸術・信仰・景観・自然環境・地質・地理・地勢・観光・経済・世界遺産」など総合的・学術的な観点から、富士山の多様な魅力と現実、課題に関わる最新情報や専門的な知見を提供している。

しかし、ほとんどの受講生は、富士山の「光と影」の事実を知らず、富士山は本当に日本の象徴なのかと疑いたくなるほどだ。学校教育の中に富士山に関わる学習が位置付けられておらず、日本人の心・精神の源泉に関わる教育がおざなりになっていると感じる。

富士山は「世界文化遺産」登録により、関心が高まり、多くの登山者が押しかけて賑わいを見せている。当然、ゴミの放置やし尿問題、弾丸登山、登山事故、登山道の崩壊などの問題がさらに増大し、このままでは、富士山が壊れてしまいかねない。こんな恥ずかしい実態を見ていると、一体、何のための「世界文化遺産」登録だったのかと疑問を持ってしまう。

今回の登録に関わり、ユネスコから次のような宿題を課せられている。「資産保全の全体ビジョンの再考、来訪者戦略、登山道の保全手法、情報提供戦略、危機管理計画、開発の抑止」などに関わる「包括的保存管理計画」の策定である。解決のためには多くの利害調整が必要とされ、これらの難しい課題を、確実に処理・対応できるのだろうか。対策が不備の場合は、登録が取り消されてしまう危険性もあるのだ。今こそ、日本人の英知を結集して、自然と観光が共生できる新たな「環境保全システム」の構築が求められている。

2　富士山は信仰の山であり自然の宝庫

富士山は万葉の昔から、「不二山」「不尽山」とも書かれ、日本人の心のふるさと、日本の象徴と言われてきた。特に、「聖山」と崇められ、登拝信仰（富士講・浅間信仰）の本山でもあり、今でも多くの信者が全国各地から集まり、登山する「信仰の山」である。

また、貴重で多様な動植物も多数生息しており、例えば、世界自然遺産に登録され、アメリカの国立公園を代表する「ヨセミテ国立公園」の生物相と比較してみると、鳥類・哺乳類・植物などにおいては、ほぼ同程度の種類数になっている。富士山の豊かな自然環境に生息する動植物の生物多様性と貴重性は、世界的な規模・価値を有しており、動植物の命を育む「母なる山」でもあるのだ。

さらに、富士山には、一年間で約三〇〇〇ミリをこえる降水量があり、日本の平均降水量の二倍近くになる。年間の地下水供給量は日量五四〇万トンにも及び、富士山周辺に居住する八〇万人もの人々への飲料水の供給はもちろんのこと、製紙や繊維、精密機械、飲料メーカーなど、地下水利用型企業の活発な経済活

写真3　水の山・富士山 白糸の滝

動も支えている。まさに、富士山は、人々の生活と生命を支える「恵みの山」「水の山」なのである。

3　富士山で拡大する多様で深刻な問題

現在、富士山を訪れる年間の観光客数は、富士山周辺において三〇〇〇万人、山梨県と静岡県の五合目には三〇〇万人、山頂への登山客は三〇万人近くといわれ、世界最大の「山岳観光地」といってよい。登山者は、七月から八月までの二か月間に集中しており、一日に一万人以上が登山する日もある世界に類を見ない「無秩序な山」「混雑する山」になっている。

これは、東京オリンピックが開催された一九六四年以降に建設された、山梨県側の富士スバルラインやその五年後に建設された静岡県側の富士山スカイラインによって、山梨県側や静岡県側の五合目まで、車両の乗り入れが可能になったことに起因しており、観光振興を優先し、自然保護への配慮や対策、山としての本質性などをおざなりにした、経済・観光優先主義がもたらした「負の遺産」といえる。

七月上旬から八月下旬にかけて五合目には、国内外から多くの観光客や登山者が訪れて賑わい、まるで新宿や表参道の繁華街の様相を呈している。とても、信仰の山・聖地とは考え難く、神聖な雰囲気は感じられず、一部の観光業者による企業活動を優先した、偏執的な利用形態が進行・拡大している状態になっている。これらの「オーバーユース」が、

写真4　富士山を切り裂く富士スバルライン

写真5　登山客でにぎわう5合目

環境悪化の大きな原因となり、富士山には、日本中で発生している、多種多様な環境問題が凝縮している。

具体的な問題としては、①大量の登山者が捨てる「ゴミの放置」、②富士山に約四〇か所ある山小屋から排出される「し尿の垂れ流し」、③富士山麓における産業廃棄物の「不法投棄の増大」、④地下水利用型企業による工業用水や人口増大に伴う上水道の汲み上げなどによる「地下水の減少」、⑤民有林や一部国有林の管理放棄による「放置森林の増大」、⑥他県から侵入する業者や個人による「貴重植物の盗伐」、⑦地球温暖化の影響による「雪崩の多発化・永久凍土の後退・植生の変化」、⑧高層ビルや鉄塔の建設による無秩序な「景観破壊の拡大」、⑨別荘地の造成や工業団地の進出による「山麓開発の進行」などがあり、それらの問題が複合的・重層的に絡み合い、抜本的な解決策が見つからない、「満身創痍の山」になっている。

このような厳しい環境問題・被害の進行の中で、現在までに、多くの環境ＮＰＯや山小屋、行政、関係機関などが、その問題解決に努力し続けてきた。その結果、し尿問題については、四〇か所近くある山小屋のすべてに「環境バイオトイレ」が導入されて、し尿の垂れ流しは減少した。また、登山者によるゴミの放置も、モラルの向上と環境NPOによる地道な清掃活動などによって、以前と比較するときれいになった。

しかし、この状況は表面的な現象で、現実的には、富士山の「世界文化遺産」登録への関心の高さと広報力の強化により、観光客と登山客は増加傾向が続いている。近年は、登山者数が三〇万人台を超え、特に、中国や台湾など東アジアからの来訪者が増加していることから、さらなる、し尿の垂れ流しやゴミの放置、登山中の事故の多発化などが増加して問題となっている。

4　市民・NPO・行政・企業のパートナーシップで富士山を救う

富士山の下流域にある静岡県三島市においては、NPO法人「グラウンドワーク三島」が、パートナーシップによる水辺再生に成功した。

環境悪化が進行する「水の都・三島」の自然環境の再生と復活を目指して、市民・NPO・行政・企業とが連携・協働し、「グラウンドワーク三島」の調整・仲介のもと、有機的に一体化して具体的な課題解決に取組んでいる。ゴミの放置や雑排水の垂れ流しにより汚れた源兵衛川の水辺再生や消滅した三島梅花藻の復活、歴史的・文化的な井戸やお祭りの再生など、NPO主導による先進的な環境再生を実現している。

その結果、水の街の多様な魅力が増えて、源兵衛川での親水性の高い散策路の整備とあいまり、観光客が二〇年前と比較し四倍の約六二〇万人に増加した。中心商店街から空き店舗がほぼゼロとなり、街中を散策する観光客も増えてきた。環境と観光との共生関係を創ることが、経済的な波及効果を誘発し「地域の再生」に連動していくことを実証している。

行政主導型の運動は、その場しのぎであり、地域住民の思いや個性、活動の持続性が担保されない。「グラウンドワーク三島」によるＮＰＯ主導型の運動は、地域の特性や知恵、具体的な行動を誘発していく。今後、富士山圏域において、このグラウンドワークの手法を活用して、世界自然遺産・複合遺産登録運動への取組みや環境バイオトイレの更新、湧水池の保全活動、植林活動、エコツアーの実施などを広域的に展開していくことが必要だと考える。

5　富士山は本当に「世界文化遺産」として相応しい山なのか

確かに、富士山は二〇一三年六月に「世界文化遺産」に登録されたのだが、登録後も多様な環境問題が未解決であり、本当に「世界文化遺産」としての相応しいといえるのか、多くの懸念と疑問が残っている。

実は、一九九四年にも「世界自然遺産」登録の国民的運動が展開された。しかし、国はユネスコへの世界自然遺産の申請を断念した経緯がある。断念の理由は、ゴミの放置やし尿の垂れ流し問題があったからだとされているが、実際は、抜本的・総合的な問題解決への見通しが立たなかったためだといわれている。すなわち、ユネスコへの登録のハードルが、予想以上に高く、また、多種多様な関係機関との利害・権利調整が解決できず、登録が困難だと判断したためだと考えている。

また、富士山の「世界文化遺産」登録の調査で訪れたユネスコの専門家が、現地の実態を調査した結果、「富士山の普遍的な価値は、その類まれな『自然美』にあり、文化的な価値の基盤になっていることから、自然遺産からの視点、価値からの評価も必要とされる」と指摘している。この事実は、富士山は「世界文化遺産」の価値だけではなく「世界自然遺産」の価値も高く、文化と自然が融合した「複合遺産」としての価値を内在しているとの指摘だと考えられる。

しかし、現状は、富士山が「世界文化遺産」に登録されたことにより、観光振興や地域振興などの経済的な波及効果が強調・期待されている。現在でも、富士山はオーバーユースの弊害に晒され、環境問題・被害が潜在的に増大している中で、美しい日本の誇りを持続的に、どのように次世代に引き継いでいこうとするのか、その総合的・長期的・具体的な考え方や政策、処方箋が見えていない。近視眼的な損得勘定と利害優先の無秩序な経済優先の考え方が、行政や観光業者を中心に志向されているとの懸念を感じている。

6 「富士山学」からの提言

それでは一体、富士山が「世界文化遺産」として相応しい山として、クリアー・解決しておかなくてはならない課題として、どのようなものがあり、どのように解決していったらいいのか。富士山の総合学・実践学・現場学である「富士山学」の視点から、問題解決のための方向性・処方箋を提言・考察してみたい。

・複雑で重層的、責任者不在の管理体制

現在、富士山は多くの省庁や団体により所有・管理されている。所有形態は、富士山の八合目以上は、富士浅間大社、静岡県側の国有林は林野庁なので農林水産省、山梨県側は恩賜林で山梨県、その他、財産区や民有林が存在する。

管理形態は、富士山は特別名勝であり文化庁なので文部科学省、多くが環境保全区域に指定されているため環境省、登山道は県道であり県と国土交通省、かん養保全林は林野庁なので農林水産省、東富士・北富士演習場は防衛省など、多種多様な役所が重層的に関連しあい、縦割り行政の弊害とあいまって、中心・核となる「責任者」が不明確な状況にある。アメリカの国立公園では考えられない縦割りの「無秩序」な管理体制となっている。

・「包括的保存管理計画」の策定

現在、富士山においては、両県にわたる総合的・長期的な「包括的保存管理計画」が策定されている。しかし、その考え方の基本・前提条件となる自然環境調査や環境保全計画、土地利用計画、景観保全計画、具体的な安全対策などが総合的に整備されていない。

さらに、アメリカのヨセミテ国立公園やニュージーランドのトンガリロ国立公園などで整備されている、企業・行政・NPO・市民とのネットワークや役割分担、開発や利用の抑止対策の確立なども不備であり、持続可能な富士山保全の将来像が脆弱である。

・富士山再生のための「富士山基金」の創設

ところで、富士山を保全するために、静岡県と山梨県において、一年間でどの程度の資金・税金が投入されているのか。現実は、富士山の日や「世界文化遺産」登録記念のイベント的な事業への支出・補助金がほとんどである。

静岡県に三本、山梨県に一本ある登山道の安全対策や整備、救急医療・救助体制の強化対策、登山者の安全を守り情報提供を行うビジターセンターの設置、多くのレンジャーの育成と配置、富士山測候所の高所科学施設としての活用、学術的・専門的な自然環境調査の実施など、喫緊の対策にはほとんど資金が使われていない。

また、富士山を守り、伝えていくための持続可能な「基金」の創設がないことから、多くの対策が必要とされているものの手付かずの状態に陥っている。事業をしたくてもお金がなく的確・適切な対策を講ずることができず、問題解決のための具体的な取組みが適切にできていない。

・「富士山庁」の創設

現在、富士山を一元的に管理し、すべての富士山情報を把握でき、長期的な視点・政策に基づいて管理体制を立案・執行できる、富士山専門の行政機関は存在しないため、個々の利害や思惑を優先し、縦割りの行政組織になっており、バラバラで統一的な事業・対策ができていない。

そこで、富士山の「世界文化遺産」登録にあわせて、総合的な調整・事業執行機関といえる「富士山庁」を創設することによって、両県や市町村を超越した横断的・絶対的な権限を持つ、新たな効率的・一体的な管理組織と運営が実現可能となる。

・環境と観光とが共生した富士山再生へのアプローチ

今後は、自然環境に負荷をかける環境破壊型の観光はありえない。特に「世界文化遺産」に登録された富士山においては、開発・観光振興を優先した姿勢・対応は許されない。

イギリスの湖水地方では、自然と調和・共生した観光振興が進み、年間一二〇〇万人もの観光客が原生の自然環境を求め、宣伝しなくても観光客は増加している。

多くの観光客を求め、一時的な利益性や経済性を優先すると世界的な観光の価値観・理念から乖離し、観光客の評価は期待できない。自然や環境に配慮し、景観保全への重視が、新たな富士山再生のポイントで、真の「世界文化遺産」地区には、観光業者の意識変革が必要不可欠である。

「世界文化遺産」登録の目的は、「開発の抑止」であり、現在の利害者に多くの制約が新たに課せられることに同意した「覚悟」の証だとも考えている。「日本の宝物」から「世界の宝物」としての評価を受ける代償として、国際的な評価基準を踏まえた、大変、厳しい「セフティーネット」が、富士山周辺に覆われることを意味している。

・富士山を守り、伝えていく持続可能な具体的行動が必要

現在まで「世界文化遺産」に登録されることを優先した、行政主導型の「器・形」を整える運動が先行して来た。しかし、最も重要なことは、五〇年先、一〇〇年先の富士山をどのように守り、伝えていくかを考えることである。

そのためには、市民・NPO・行政・企業・専門家など、さまざまな分野から多くの関係者が集まり、富士山保全のあり方について、徹底的に議論・検討することが求められており、まずは、地域住民や利害者の合意形成と理解が先決になる。

今後、行政主導型から、市民主導型の環境保全運動への切り替えが必要とされている。これから、対応していかなければならない課題・処理事項として、東京オリンピック時に予想される、さらなる「オーバーユース」の問題を想定し、恒久的な環境保全対策の実施や「管理の一元化」を目的とした「富士山庁」の創設、両県の観光業者や地域住民の構成による「広域的環境保全組織」の設立などが考えられる。

富士山は、「世界文化遺産」への登録がゴールではなくてスタートなのである。将来を見据えての長期的な保全活動の展開と実効性の高い具体的な対策の実施が必要とされている。今後、ゴミやし尿・産業廃棄物の投棄などの現場での厳しい環境問題・被害が、全世界に動画配信されてしまい、「恥の遺産」といわれる「危機遺産」への変更登録も危惧される。

まさに、「世界文化遺産」登録を通して、日本人の環境に対する「共生の知恵」が試されている。環境と観光が共生した、新たな富士山再生の方向性を模索しながら、秀麗なる富士山を次世代に確実・永遠に伝えていけるように、市民としての具体的な役割と行動を自覚・実行していく必要があると考える。

写真6　富士山麓に放置された産業廃棄物

環境悪化が進行した源兵衛川上流部（1980年頃）

清流がよみがえった源兵衛川中流部

column

富士山の森を歩いて豊かな自然を楽しむ

——渡辺豊博

富士山の五合目までを覆う豊かな森は、私たちに自然環境の魅力と役割を教えてくれる。山梨県の青木ヶ原や静岡県の水ヶ塚、西臼塚などから登っていくと、シイやカシなどの照葉樹林が広がる「丘陵帯」が始まり、ブナ、ミズナラ、アカマツなどの落葉広葉樹林の「低山帯」、シラビソ、ダケカンバ、カラマツなどの針葉樹林の「亜高山帯」へと続いていく。丘陵帯までは、スギやヒノキの人工林が多く見られる。

写真１　紅葉に映える水ヶ塚

五合目から、森林限界を超えて頂上までが「高山帯」である。ところどころに背の低い低木類が低温や強風、不安定な火山砂礫の地面に耐え生きている。富士山の「植物相」は、この四つの区分に植物とシダ類を合わせ約一二〇〇種類が生息し、山梨県の木であるカエデや花のフジザクラも含まれている。

標高によって気象条件が異なることから、標高が八〇〇m上がるたびに区分が変わり、森林の様相・生態系が多様に変化するので、「垂直分布」と呼ぶ。

富士山の五合目のエリアは、森林や動物の密度は日本一だといわれている。哺乳類は日本で暮らす約一〇〇種類のうちの四二種類が確認されており、ニホンカモシカやヤマネは天然記念物でカモシカは山梨県の獣である。広葉樹林帯には、ニホンイタチ、ニホンリス、ムササビ、コウモリなど、針葉樹林帯には、オコジョ、ツキノワグマ、テンなどが暮らしているが、夜行性のものが多く、実際に姿を見かけることは難しい。

また、鳥類は山梨県の鳥であるウグイスや静岡県の鳥でジュビロ磐田のエンブレムになっているサンコウチョウなど、日本野鳥の会の調査で一〇〇種類以上が繁殖しており、渡り鳥を入れると約一七〇種類が確認されている。日本の豊かな自然が、円錐形の富士山に垂直状態に命の帯のように、密度濃く集まり広がっているのである。この豊穣な森こそ、富士山最大の財産といえる。

ところが、もったいないことに多くの来訪者が目指すのは、「はげ山」の頂上ばかりで、新緑や紅葉が美しい多くの期間、森は閑散としている。数十本以上もあるといわれている裾野のフットパス（散策路）の整備や広報が進んでいないことが残念でならない。

写真２　歩いて楽しいシラビソ林

森は命を育む宇宙である。ミズナラは地面から吸い上げた水を、幹の表面近くに導管で枝や葉に速やかに運び、幹に耳をつけてみると人の心臓の鼓動のような水の流れる音を聴くことができる。また、ブナは冬には葉を落とし、次の森を形成していく若芽や低木に光を与え成長を促し、夏には葉を大きく広げて、大雨による地面の浸食や乾燥を防いでいる。

富士山の豊かな地下水は、これら森の保水力のおかげである。生態系の循環と共生関係が、私たちの安全な暮らしを支えている。地元の子どもが富士山に登る率は一〇%程度だと聞いたことがある。富士山と地元の自然環境に「愛郷心」を育むためにも四季折々の森に出かけ、森の自然力や不思議を実感、体験してもらいたいと願ってやまない。

富士山に広がるブナ林

富士山の湧水はなぜおいしい

内山美恵子

1　都留市の宝物

都留文科大学のある都留市は、山梨県東部の相模川上流域に位置する。相模川は山梨県内では桂川と呼んでいるので、ここでも以下、桂川と呼ぶことにする。都留市には市役所によると約三万人（二〇一九年九月現在）が居住しているが、[*1] 生活の基盤となる水道水源はすべて地下水に由来する。その水源は、地区によって使用する地下水系が異なるため水質も様々であるが、ここでは水量が豊富で特においしい東桂《ひがしかつら》地区の地下水を紹介しよう。

火山はひとたび噴火を始めるとひどい災害をもたらすが、そのタイミングに遭遇することはそれほど多くはない。ほとんどの時間は私たちに大いなる恵みを与えてくれている。

都留市東桂地区は古来よりその恩恵に与っている地域の一つである。都留市は桂川水系が作った渓谷の中に位置し、自然に恵まれた静かな町。その中でも東桂地区の町なかを散策すると、あちらこちらで湧水に出会うことができる。これらの湧水は富士山に降った雨や雪が浸透し、地下を流れてここで湧き出したもので、「十日市場《とおかいちば》・夏狩湧水群《なつかりゆうすい》」と呼ばれている。東桂地区に住む人々は、飲料水として、また農業用水や魚の養殖など産業用水として、古くから大切にし利用してきた。さらに湧水群は清涼な冷水でしか育たない水生植物のバイカモや、ホタルや様々なトンボ類、カジカなどの魚類、それらを餌とする鳥類など多くの生き物を育み、里山の風景を作りだしてきた。

この湧水は、口に含むと爽やかでとてもおいしい。水温が一二～一三度で年中ほとんど変わらないので、夏は冷たく、冬は温かく感じる。なぜこのようなおいしい水がこの場所で豊かに湧いているのであろうか。その秘密は大地を構成する地質にある。湧水とは地下水が地表に湧き出したもので、その水質は地下を流れている間に地層中のミネラル成分を取り込んで形成される。十日市場・夏狩湧水群の水が流れているのは、主に富士山の噴出物の中。湧水のおいしさの謎にせまる前に、まずは富士山にフォーカスを当ててみよう。

2　富士山の生い立ち

富士山は山頂が標高三七七六mであり、言わずと知れた日本一高い火山である。標高が高いのみでなく、裾野を北西―南東方向に四四㎞、北東―南西方向に三八㎞の範囲に広げ

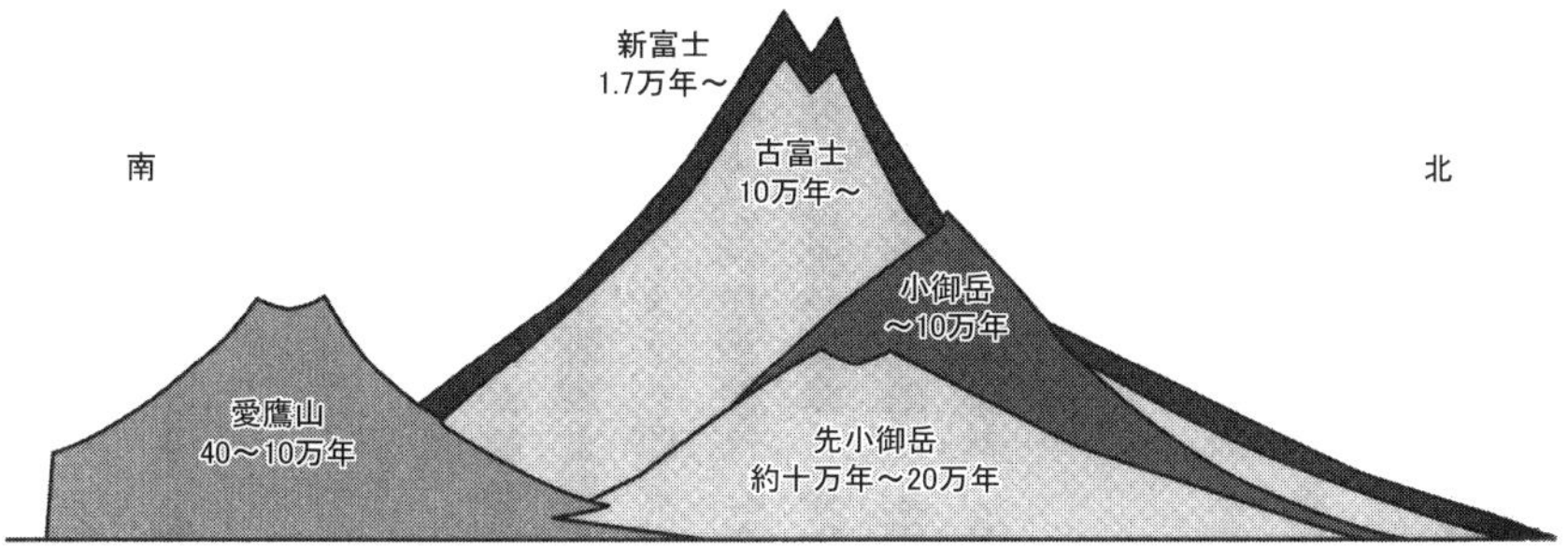

図1　富士山の南北断面概念図。ほとんどが新富士火山の噴出物に覆われて直接は見ることができないが、富士山は4つの火山が重なってできている（藤井、2015*2に加筆）。

た、大きな山体を持っている。この大きな山体は何度も噴火を繰り返して成長した結果できたもので、このような火山を成層火山と呼んでいる。裾野から山頂までの標高差を比高《ひこう》というが、一般的な成層火山は比高が二〇〇〇mほどであるのに対して、富士山は比高が三七七六mと極端に大きいことがわかる。それには富士山の生い立ちが大きく関係している。実は現在の富士山の地下には、三つの火山が埋もれているのだ（図1）。

第一・第二の火山は今から三〇万年前頃に、現在の山頂より少し北東側で噴火活動をしていた。これらは古い方から先小《せんこ》御岳《みたけ》火山・小御岳火山といい、富士山とは別の火山として分類されている。マグマの性質も噴火の仕方も富士山とは異なるからである。富士登山者に人気のスバルライン五合目にある小御岳神社は、小御岳火山に祭られた神社だ。現在残っている小御岳火山の山頂は二三〇〇m。富士山はこの小御岳火山の肩から噴出して山体を成長させたため、世界でも有数の高さを得ることができた。

富士山もその活動により、古富士火山と新富士火山とに区分される。古富士火山は今から一〇万年前頃から活動を始めた。この頃地球は、第四紀氷河時代[1]の中でも寒い時代である氷期の始まりの頃であったため、富士山は一年中雪や氷で覆われていたと考えられるが、富士山の爆発的な噴火によって山体に積もった火山灰や溶岩などにより雪や氷は融け、周辺に盛んに土石流を流したことにより美しい裾野を形成したと考えられている。また、高く成長した古富士火山は不安定となり、山頂付近から大きく崩れる山体崩壊を繰り返した。この山体崩壊は、巨大な岩石や細かく粉砕された岩石が一体となって流下する岩屑《がんせつ》なだれと呼ばれる現象となって、やはり富士山周辺に流れ下った。これらの岩屑なだれや土石流はまとめて「古富士泥流」と呼ばれ、桂川を流れ下った古富士泥流は、神奈川県相模原付近にまで到達しているのが確認されている。

今から約一万七〇〇〇年前、新富士火山の活動が始まった。新富士火山の初期の活動は、山頂火口や山腹火口から粘り気の低い玄武岩質溶岩を大量に噴出し、東麓を除く山麓一帯に溶岩流が流れ下った。桂川渓谷内にも溶岩流は押し寄せ、今から約一万年前には大月市猿橋まで流下した猿橋溶岩と、都留市十日市場まで流下した桂溶岩が到達している。一般的に粘り気の低い溶岩は、地表を広く広がって流れる傾向にある。典型的な例として、富士山北麓に広がる青木ヶ原樹海を育んだ青木ヶ原溶岩などが挙げられる。しかし、猿橋溶岩と桂溶岩は、狭い桂川渓谷に流れ込んだために広がることができず、異なる形態で流動した。すなわち、大気と溶岩が接する表面が早々に冷えて固結し、トンネル状になった内部を溶岩流が流下する「溶岩トンネル」を形成したのだ。そのためこの二枚の溶岩は長距離にわたって流動し、富士山の溶岩の中でも有数の長大溶岩となった。その後、新富士火山の活動は緩急をつけながらも山頂および山腹火口から爆発的な噴火を繰り返すようにな

（1）地球の長い歴史の中で、北半球と南半球の両極に一年を通して氷床が形成されている時代を氷河時代といい、これまでに七回知られている。その中で約二六〇万年前から現在までの氷河時代を第四紀氷河時代という。第四紀氷河時代は、冷涼な気候の「氷期」と比較的温暖な「間氷期」がリズミカルに繰り返しており、現在は間氷期にあたる。

り、現在のような美しい円錐形をした山容ができあがったと考えられる。しかし山頂火口から噴火が起こったのは約二二〇〇年前頃までで、それ以降から現在までは、側火山を形成する山腹火口からのみ小~中規模の噴火を繰り返している。現在、富士吉田市内で見られる檜丸尾《ひのきまるび》溶岩や剣丸尾《けんまるび》溶岩もこの時期の溶岩で、両溶岩は富士吉田市を囲むように桂渓谷に流れ込んだ。地元で「暮地《くれち》の坂」と呼ばれているのは、このうち檜丸尾溶岩の末端が創り出した地形である。

3　十日市場・夏狩湧水群と富士山の関係

以上のようにして形成された富士山の地質が、都留市の湧水とどのように関わってくるのであろうか。大地の中の水、すなわち地下水は地下にただプールされているわけではなく、また、地下を一様に流れているわけでもない。地下水がどこをどのように流動しているのか、その流れを考える場合、水が流れ易い性質を持っているのはどの地層で、流れにくいのはどの地層か、をまず考えなくてはならない。そして、それらの地層がどのような構造になっているか、地層の中で地下水がどのように存在しているか、どのような水質の地下水が存在しているのか、などを検討して水の流れを把握する。このような、地下水の存在形態や性格に着目して区分した地質のことを「水文《すいもん》地質」といい、その研究を行う学問分野を「水文地質学」という。例えば、川遊びなどをした際に、同じ河原でもサラサラの川砂の部分は乾いているのに対し、細かい泥がたまっている部分は湿っているのを見たことはないだろうか。同程度の大きさの粒子が集合している砂の層は、砂粒である粒子と粒子との間隙が大きい。地下水は地層中の粒子を障害物競走のように避け、間隙を縫うようにして流動するので、大きな間隙が連結している方が流れ易い。砂が堆積してできている砂層や、小石などが堆積してできた礫《れき》層は、良好な透水層となる。逆に、粘土や泥でできている粘土層や、シルトと呼ばれる粘土と砂の間の粒子径でできているシルト層といった地層は、間隙が小さく、粘土粒子の表面は電気を帯びているという性質も相まって、地下水が流れにくい難透水層あるいは条件により不透水層となる。また、同じ礫層でも、礫の間隙に砂やシルトが充填されている場合は、充填されていない場合に比較して、透水性は低くなる。先ほどの河原での観察結果の理由は、川砂は透水性が高いため、水がより早く移動して乾燥してしまうが、泥の部分は透水性が低いため、水が移動しきれず湿っている、と考えられる。

次に、地層ができてからの時間経過を考えてみよう。現在はさらさらと指の間からこぼれ落ちるような砂でも、何千年、何万年、何億年と時間が経つにつれ、地層は固く固結して岩石となる。砂は砂岩に、泥や粘土は泥岩に。岩石になると透水性はもちろん格段に落ちるが、形成後数百万年程度の砂岩であれば、時間をかければじわじわと水を通す場合もある。さらに日本のような変動帯では、構造運動の影響を受けて岩石は様々に変貌していく。そうなると地層の透水性も変化し、水をほとんど通さない不透水層となる場合もある。また、そのままではほとんど透水性のない泥岩や頁岩などが構造運動によって破壊され、断層が生じると、その亀裂を伝って水が流動する場合もある。このように、地層ができた時代、透水性、構造、などを考慮して地下水の流動を検討していくことになる。

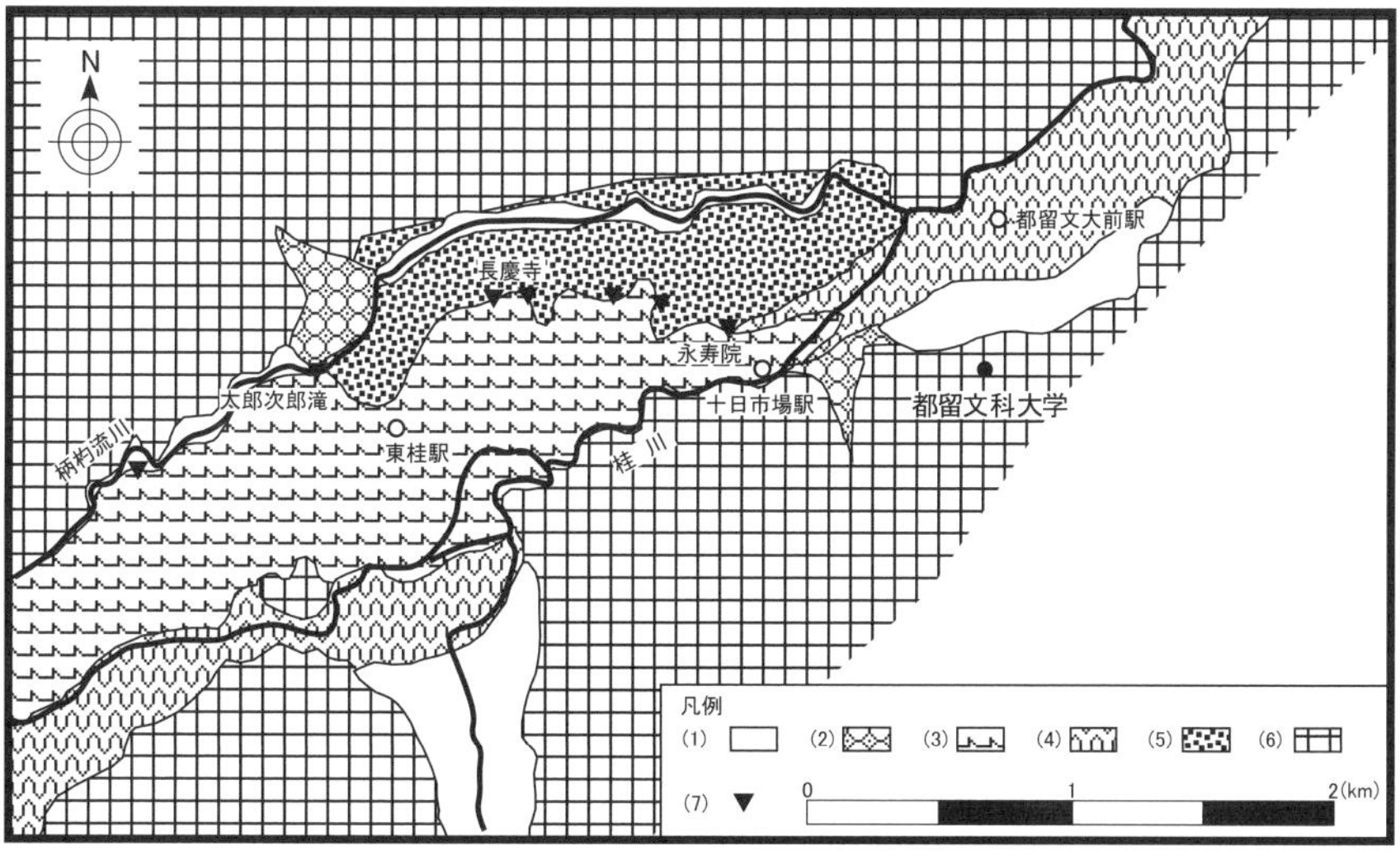

図2　湧水地点位置図。富士火山地質図[*3]を基にハッチで地質を示し、主な湧水地点をプロットした。桂溶岩の北側末端に湧水地点があることがわかる。凡例：(1) 沖積層、(2) 山麓緩斜面堆積物、(3) 桂溶岩流、(4) 猿橋溶岩流、(5) 古富士泥流堆積物、(6) 基盤岩類、(7) 湧水地点

図2は都留市東桂地区の地質図[*3]に、十日市場・夏狩湧水群の主な湧水地点をプロットしたものである。地質図には土壌を取り除いた地層が、形成年代や地層の種類によって区分され、色分けして示されている。この図より、十日市場・夏狩湧水群の湧水は、桂溶岩の末端で湧水していることが分かる。さらによく見ると、桂溶岩より地形的に一段低い部分には古富士泥流が分布している。つまり地下水が湧出しているのは、（一）古富士泥流の上に桂溶岩が重なっている地点であること、（二）桂溶岩の末端の地形であること、この二つの条件が揃っている箇所である。ではそのメカニズムはどうなっているのであろうか。古富士泥流は先述のように、古富士火山

が活動末期に山体崩壊を起こして流下した岩屑なだれ堆積物と、融雪型の土石流堆積物とからなる。これらの堆積物を構成しているのは、古富士火山を形成していた溶岩などの岩塊と火山灰、桂川周辺の土砂などの混合物であるが、堆積物に火山灰が混ざるとセメントのような効果をもたらして非常に硬くなることから、水文地質としては相対的に難透水層の役割を果たす。対してその上位の桂溶岩は、富士山での噴出時は一〇〇〇度程度であった溶岩が冷却してできたものであるから、冷却時の体積収縮による亀裂の発達や、当時の大地と接触した溶岩の底部が急冷されて破砕しているのが観察できる。また、噴火する前の地下で高圧状態のマグマには水蒸気や二酸化炭素などのガス成分が溶解しているが、噴火することによる減圧によってそれらが気化し、溶岩には多数のガスが抜けた孔が開いている。つまり、溶岩は岩石であるが、地下水が流動できる亀裂や空隙に富むことから優良な透水層と成り得るのだ。富士山に降った雨や雪は、溶岩の中に浸透して地下水となるが、溶岩の下位にある古富士泥流の表面に到達すると古富士泥流の中には速やかに浸透できず、その表面地形に沿って標高の低い方へ溶岩の中を流動する。異なる溶岩が上下に接していても、その間に地下水流動を阻害するような構造や地層が存在しなければ、地下水は受け渡されて下流へと流動する。しかし溶岩分布の末端に到達すると、地下水は溶岩から湧出して湧水となる。十日市場・夏狩湧水群の場合は水文地質学的に説明すると、地下水を保持し流動している帯水層は、最終的には桂溶岩であり、下位の古富士泥流が相対的に難透水層であるため、その地層境界を流動して桂溶岩の末端から湧水しているということになる。

次に、十日市場・夏狩湧水群の水のおいしさについて目を向けてみよう。一九八四年に当時の厚生省「おいしい水研究会」がまとめた結果[*4]によると、水を蒸発させた後の残留物の量や硬度(2)、他、いくつかの項目を挙げている（表1）が、最も味に影響するのは水温のようだ。一般に、地下水の水温はその地点の年平均気温とほぼ等しいと言われるが、それは地中温度の変化が深くなるにつれて小さくなるからだ。およそ地下五〇cm程度で日変化が、地下一〇mで年変化がほとんど認められなくなり、一〇mの地温はその土地の年間平均気温と同じか一～二度高い温度に保たれることが観測されている。都留市によると、二〇一八年の年平均気温は一四・一度であり、筆者が十日市場の観測井で測定した地下水温は一二・三～一三・五度であった[*5]。地下水温は年平均気温より少し低いが、標高の高い富士山の山岳域に降った雨や雪が浸透し、地層の中で温度変化をほとんど受けずに流動してきた地下水であることを考慮すると、妥当な値だといえる。いずれにしても、厚生省のいうおいしい水の範疇《はんちゅう》には入っているようだ。

表1　おいしい水の要件[*4]

項　目	数　値
蒸発残留物	30～200mg/L
硬度	10～100mg/L
遊離炭酸	3～30mg/L
過マンガン酸カリウム消費量	3mg/L以下
臭気度	3以下
残留塩素	0.4mg/L以下
水温	10～15℃

　他の項目についてはどうだろうか。都留市環境教育副読本[*6]には山梨県内で採水された主なナチュラルミネラルウォーターや国内および輸入品のペットボトルラベルの値が掲載されている。その中で、十日市場で採水している「熊太郎の大好物」と富士吉田市新屋で採水している「富士山の天然水」をみてみよう（図3）。十日市場のは桂溶岩からの湧水を、新屋のは富士山の溶岩中に設置した井戸より採水した水をペットボトルに詰めている。富士山の溶岩中を流動している地下水には、特徴的

（2）水に含まれるカルシウムとマグネシウムの質量を炭酸カルシウム濃度に換算した値。WHO（世界保健機構）では硬度六〇mg/L未満を軟水、六〇以上一二〇mg/L未満を中硬水、一二〇以上一八〇mg/L未満を硬水、一八〇mg/L以上を非常な硬水、としている。

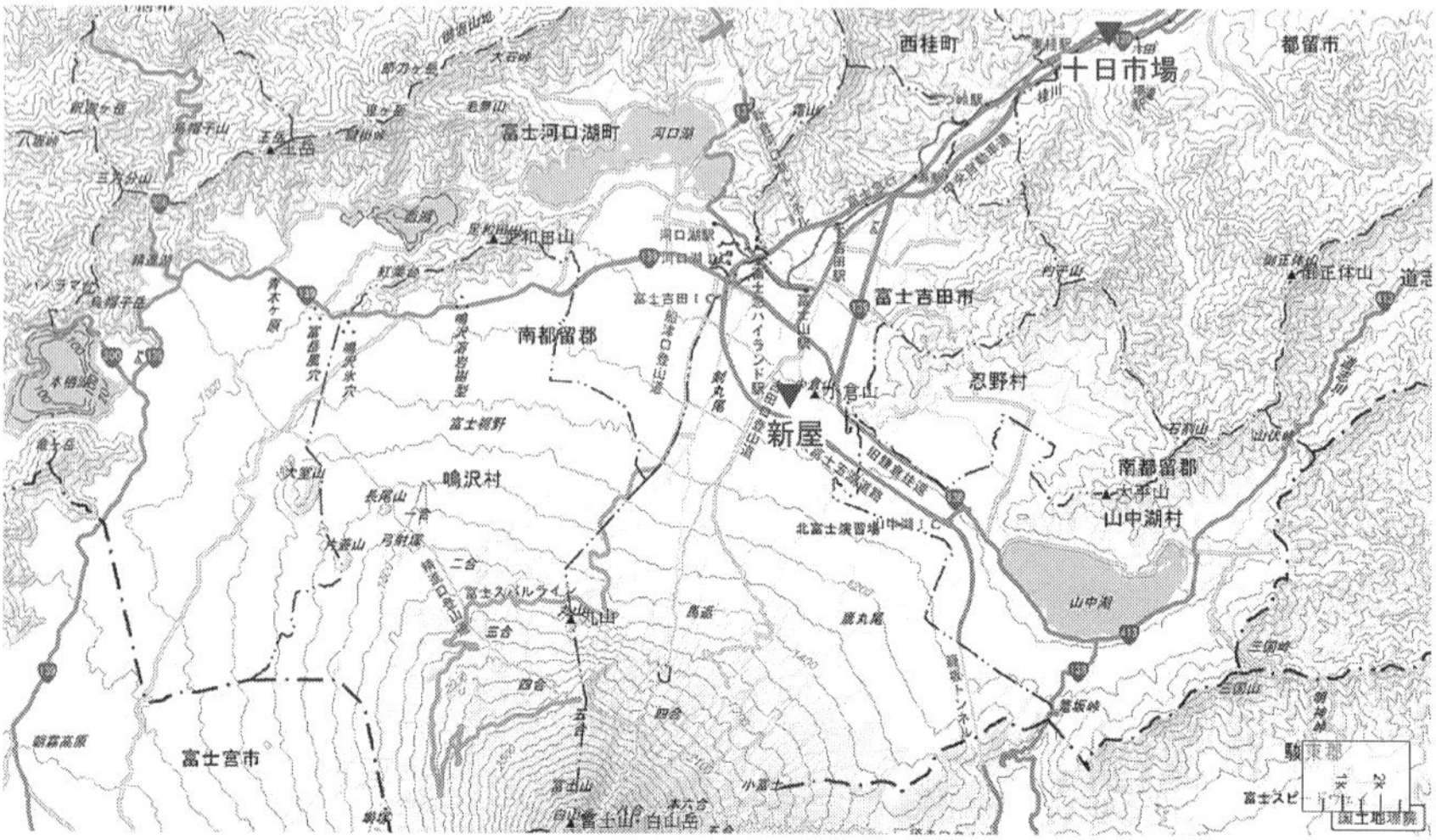

図3　ペットボトルの採水地点。国土地理院発行の地図を使用。

にバナジウムという化学成分が含まれることが知られているが[*7]、どちらの水にもバナジウムが含まれていることから、これらは富士山の水であると判断できるだろう。ところで、ミネラルウォーターの宣伝などで「富士山の伏流水」という言葉をよく聞くが、これは実は正しくない。伏流水とは河原の中の堆積物中を伏流して流れる水のことだからである。「富士山の地下水」という言い方が正しい表現だ。併せて覚えておこう。さて話を戻すと、表には陽イオンであるナトリウム、カルシウム、カリウム、マグネシウムの値が示されているが、これをグラフで示したのが図4である。このグラフは十字方向に各成分を配置し、各成分とも中央に寄るほど値が小さく、外側ほど値が大きくなるため、面積が大きいほど水に含まれる成分が多いということになる。地下水の流動から考えると、富士吉田市新

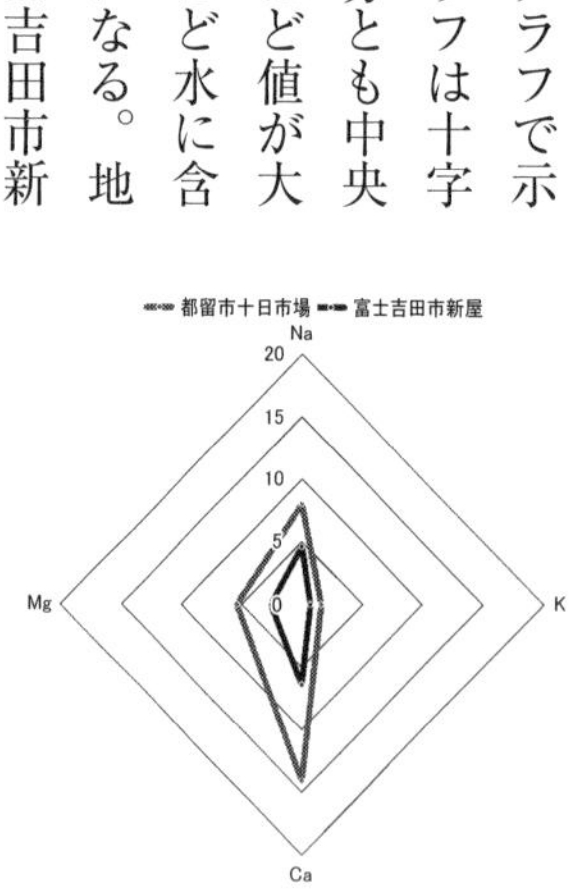

図4　各地点のミネラルウォーター中の陽イオン濃度。単位はmg/L。グラフの形が相似形を成すことから、同系統の水であることがわかる。

屋の方が上流、十日市場が下流となる。図4より、どちらの地下水も各成分の含まれる割合は同様で、相似形となっており、下流側の十日市場で全体的に濃度が高いことが読み取れる。つまり地下水の味に大きく関わるミネラル成分は、地下水が地層中を流動する過程で地層から取りこんでいることがわかる。しかも、硬度は五七・五mg／Lで軟水の範疇に入り、日本人には馴染みのある硬さの水である。

都留市で湧きだす湧水がおいしいのは、地下を流れてくるため適度な水温になっていることと、富士山からの距離が適度に離れているためミネラル成分が豊かであるが、その濃度は高過ぎず、低すぎず、ちょうど良い濃度となっているためだと言える。軟水はお茶やダシの旨味成分をよく引き出す性質がある。都留市の湧水は、そのまま飲んでも良し、お茶にしても良し、お料理にしても良し。このような素晴らしい湧水を、湧水めぐりをしながらじっくり味わってみてはいかがだろうか。

4　十日市場・夏狩湧水群をめぐる

ここでは、東桂地区の代表的な湧水を三つ紹介しよう（図5）。

【太郎次郎滝】
富士急行線「東桂」駅下車。東桂駅は桂溶岩の上にある。案内板にしたがって急傾斜となっている桂溶岩の末端崖を下り、さらに古富士泥流の崖を下って、柄杓《しゃく》流《ながれ》川の河原付近に出る。橋を渡って少し上流に行くと、落差二〇ｍの太郎次郎滝が見える。大きな滝は二本の太郎次郎滝だが、そのうち一本は、実は集落内を流れた用水路の排水である。しかし残りの一本と、その他に無数に落ちている小さな滝はすべて富士山からの湧水が滝となっているのである。水が湧きだしている付近をよく見てみよう。遠くて少し見辛いが、地表付近はごつごつとした岩石に覆われている。これが桂溶岩だ。その下には茶色ののっぺりとした古富士泥流があり、その地層境界から勢いよく湧水しているのが観察できる。川の水面付近に大きな角ばった岩がたくさん入っているのが岩屑なだれ堆積物、その上ののっぺりとして見えるのがその後の土石流堆積物。これらの古富士泥流は当時の桂川の谷を埋め尽くしたが、柄杓流川の水が大地を削って地層境界が現れ、現在の水面まで古富士

写真１　太郎次郎滝付近

地表を覆う桂溶岩とその下の古富士泥流堆積物との境界部より湧水し、柄杓流（しゃくながれ）川へ滝となって落水している。

写真２　太郎次郎滝

桂溶岩は木々に覆われて見えないが、水が落ちている上に桂溶岩が地表まで分布し、その境界部から湧水している。

写真３　太郎次郎滝付近

地表付近の桂溶岩とその下の古富士泥流堆積物との地層境界から数多くの湧水が見られる。柄杓流川の水面付近には角張った石が多く入り、古富士火山の山体崩壊によってもたらされた堆積物であることがわかる。その上位は何層も土石流堆積物が積み重なり、全体で古富士泥流堆積物と呼ばれている。

泥流を削った結果この雄大な滝ができたと思うと、水の力と時間の偉大さが感じられるのではないだろうか。

【長慶寺】

柄杓流川から上がって先ほどの細い車道に出て、富士山方面に直線距離で六〇〇m程行くと、湧水を利用した山葵園《わさびえん》がある。反対に、大月方面に直線距離でやはり六〇〇m程行くと、長慶寺の庵とその先に本堂がある。車道の南側には桂溶岩の末端崖が続き、車道の高さ付近が古富士泥流との境界であるため、長慶寺付近にはいくつもの湧水地点が見られる。そのう

写真4　長慶寺の庵の湧水

太郎次郎の滝付近と同様に、桂溶岩と古富士泥流堆積物の境界部より豊かな水量の湧水が見られる。溶岩には冷却による体積収縮で数多くの亀裂が入り、下底は溶岩が破壊されクリンカーと呼ばれる状態になっている。

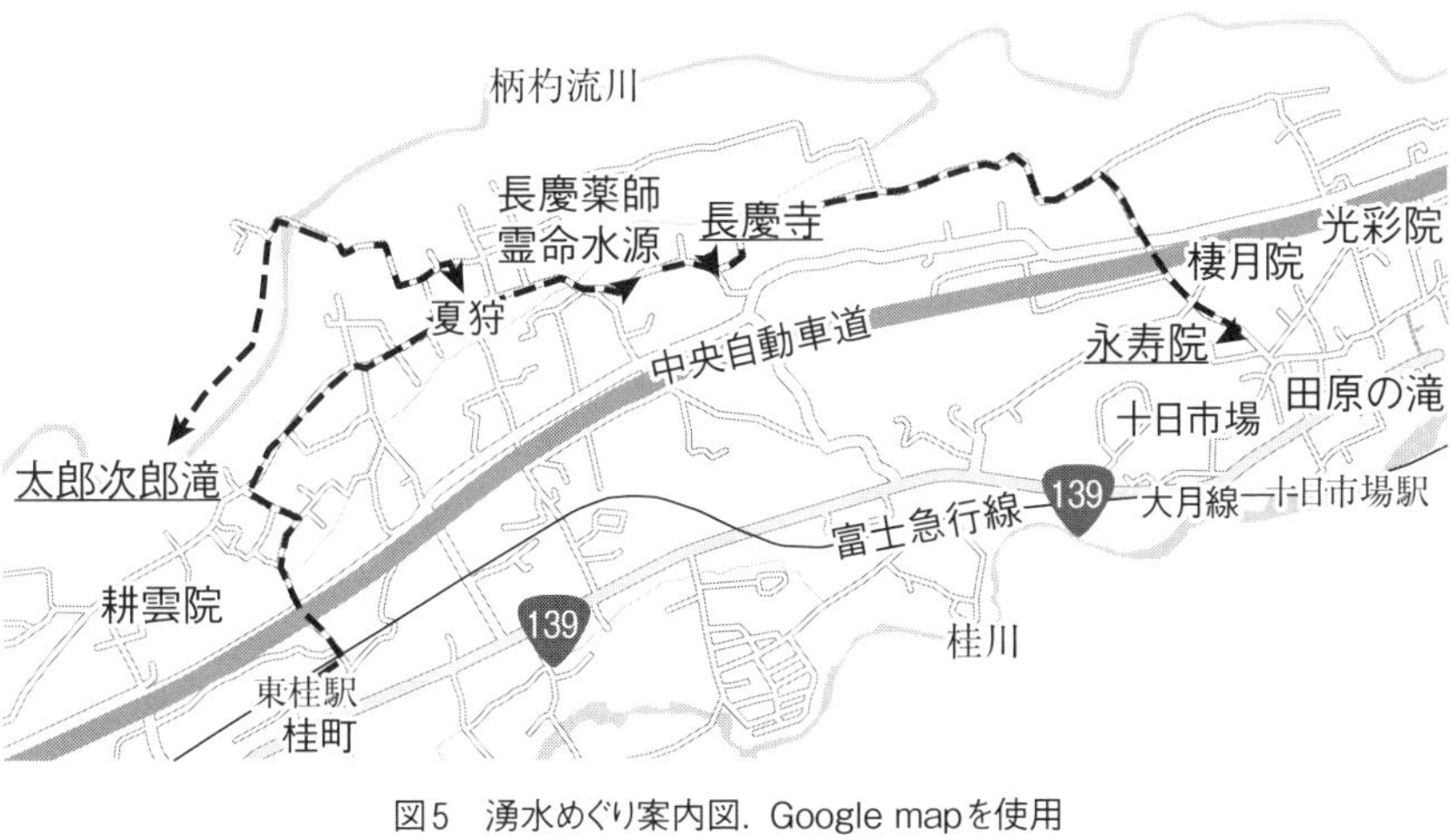

図5　湧水めぐり案内図．Google mapを使用

ち、庵のある地点では地層の断面と勢いよく湧き出す湧水が間近で詳しく観察できる。上位の桂溶岩には亀裂が数多く入り、溶岩の下底は当時の地表に急冷されて破砕し、河原の礫層のようになっている。また下位の地層の表面は、溶岩の熱によって真っ赤に焼けている。溶岩中を流れてきた地下水が、奥から手前へ湧き出しているのを観察してみよう。湧水が集まって流れを作っているところでは、梅の花のような白い可憐な花が咲くバイカモが水中をたゆたっていて、日ごろの喧騒を忘れることができるだろう。

【永寿院】

高速道路をくぐって、長慶寺より直線距離で七〇〇m程行くと、永寿院に着く。ここも桂溶岩の末端だ。富士山から延々と三〇㎞流れてきた桂溶岩は、この付近で流れを止めた。永寿院の庭やお堂の裏にはいくつもの湧水地点があり、清涼な流れを作っている。お堂脇の池の崖には、湧水が幾筋もの水の流れとなって注ぎ込む。その横には湧水を枡に溜めた水汲み場が作られており、県外からも水を汲みに来る人たちをよく見かける。この水で入れたコーヒーを飲むのが楽しみだそうだ。学校帰りの女の子も小鳥のように軽やかに駆けてきて、水場で一口飲んでいく。筆者がこの場所で湧水観測を行って四年になるが、湧水量は不定期に増減しているのが分かってきた。だが、まだその理由ははっきりしない。この湧水をいつまでもきれいなまま将来に受け継ぐために、課題はまだまだ多い。

〔引用文献〕

＊1　都留市ホームページ（https://www.city.tsuru.yamanashi.jp/ 最終アクセス二〇一九年九月一五日）

写真5　永寿院

池の奥が桂溶岩の末端崖となり、湧水した水が水面に流れ落ちている。葉が茂っている部分が桂溶岩、苔で覆われているのが古富士泥流。ここでも地層境界から湧水している。

＊2　藤井敏嗣「正しく恐れよ！　富士山大噴火」徳間書店、二〇一五年
＊3　高田　亮・山本孝広・石塚吉浩・中野　俊「富士山火山地質図　第2版」産業技術研究所　地質調査総合センター、二〇一六年
＊4　おいしい水研究会「おいしい水の要件」厚生省（現厚生労働省）、一九八五年
＊5　山梨県都留市地域環境課・内山美恵子監修「平成三十年版　地下水位変動の報告」山梨県都留市、二〇一九年
＊6　都留市環境教育研究委員会・都留文科大学「都留市環境教育副読本　都留の自然とわたしたちのくらし」都留市教育委員会・都留文科大学、二〇一二年
＊7　山梨県環境科学研究所「山梨県環境科学研究所年報　第4号」、二〇〇〇年

〔参考文献〕

荒牧重雄・太田美代『日本一の火山　富士山』山梨県環境科学研究所、二〇〇八年

column

忠霊塔から田原の滝へ

内山美恵子

富士北麓には富士山の絶景ポイントがいくつもある。その中で海外からの旅行者に大人気のスポットが新倉山《あらくら》浅間《せんげん》公園にある忠霊塔だ。富士急行線（以下、富士急とする）「下吉田」駅で下車して行ってみよう。忠霊塔は正式には富士吉田市戦没者慰霊塔といい、明治以降の戦役で没した富士吉田市出身者を慰霊するために、建立された五重塔だ。[1] 市街地より一〇〇mほど登った山の中腹にあるため、美しい富士の姿と富士吉田の町が一望でき、春には桜と赤い五重塔が華やかに写し込める絶好のビューポイントである。SNSに上がった富士山と五重塔が並ぶ写真を見て、京都に富士山はないはず、これはフェイクだ、と海外で論争になったことで一気に認知度が上がったとも聞く。

写真1　新倉浅間公園からの富士山（撮影者：内山　高）

　さて、胸がすくような富士山を堪能したら、また富士急に乗り込んで大月方面へ向かおう。「葭池《よしいけ》温泉前」駅あたりから、列車は桂川渓谷の中に入っていく。「寿」駅を過ぎると大きなカーブに差しかかる。ここが桂川渓谷の中で、列車から富士山が最も美しく見えるポイントである。もし特急に乗っているなら、車内アナウンスがあり徐行してくれるので、ぜひ写真に富士山を収めてみよう。山の間から見える富士山も風情があってよいものである。列車は「東桂」駅を過ぎると、国道を潜って桂川のすぐ脇に出る。谷が深くて水面は見難いが、地元では「蒼龍峡」という趣のある名前で呼ばれている。その名の由縁は、富士山からの青みがかった溶岩を激しい水流がスプーンでそぎ取ったように削り、その岩肌が魚の鱗のように見えることにある。今では壊れて渡れないが、桂川にかかる小さな橋があり、橋の上から川を見ると龍が勢いよく泳いでいく様を彷彿とさせた。お盆の後に通りかかると、橋にはいくつも送り火を焚いた跡が見られたものだ。先祖の御霊は川を伝ってあの世へ帰るのであろうか。「十日市場」駅を過ぎると列車はすぐに水煙をあげる滝の横を走る。田原の滝である。「十日市場」駅、特急なら「都留文科大学前」駅で下車して、見に行ってみよう。

田原の滝は国道一三九号線にかかる新佐伯橋となりの、佐伯橋からよく見える。佐伯橋に立つと正面に落差二〇m、三段の滝が轟音を響かせている。滝としての落差はそれほど大きくないのにこれほど迫力があるのは、桂川の水量が豊かであることと、岩盤が切り立っているからだ。この岩盤はおよそ八〇〇〇年前の富士山の噴火で流れてきた溶岩であり、大月市猿橋まで流れたので「猿橋溶岩」と呼ばれている。この時に膨大な量の溶岩を富士山は噴出したが、大気と接触する上面が冷却されて天板となり、内部がトンネル状になったため、冷えにくくなった溶岩流が約四〇㎞離れた猿橋にまで達する長大な溶岩となった。それがゆっくりと冷え固まったため垂直方向に亀裂が入り、細長い柱が連なったような柱状節理が形成された。この亀裂に沿って溶岩が剥がれるため垂直な断崖ができ、勇壮な滝の姿を支えている。

写真2　佐伯橋から見る田原の滝と富士急行線（撮影者：荒殿梨歩、撮影時都留文科大学初等教育学科4年生）

しかしそれは、岩盤が崩れやすいことを意味している。実際に、一九二三年の関東地震以前には、滝はもっと佐伯橋に近い所にあったということだ。そこで現在では景観に配慮し、溶岩の柱状節理にそっくりな護岸工事が滝の部分に施されている。腹に響く滝の咆哮を感じながら、永い大地の活動と人の技術との見事な調和を一考してみてはいかがだろうか。

〔注〕

（1）新倉浅間公園看板より

季節別——富士の自然の楽しみ方——

別宮有紀子

はじめに

富士山の自然の魅力とは何だろうか。答えは人によって異なるだろうし、富士山の自然をどのように楽しむかは、人それぞれだろう。ここでは、数ある富士山の自然の楽しみ方の中で、特に植物の生態や富士山の生態系の特徴に関して科学的な視点を織り混ぜながら、季節別・コース別に富士山の自然の見どころ・楽しみ方について紹介する。富士山は標高一〇〇〇mの山麓から標高三七七六mの山頂まで非常に範囲が広いので、富士山の自然について全てをここで述べることは難しい。そこで、多様な生き物と出会える五合目より低い範囲において、筆者がこれまでに出合った富士山の四季折々の自然とその魅力について紹介したい。

1　富士山の自然の特徴

富士山の自然の特徴は何といっても「生態系の一次遷移」を目の前で観られることにある。生態系の一次遷移とは、火山噴火や氷河の後退により、地表や土壌中の生物が失われた裸地に、長い時間をかけて少しずつ生き物が侵入し生態系を形成していく現象をいう（図1）。日本は火山列島であり、全国各地に火山が存在するが、それらの多くは地質学的には非常に古い時代に形成された山なので、一次遷移の過程を見ることができない。桜島や新燃岳、三宅島、西之島のように最近噴火した場所では一次遷移のごく初期段階から観察できるが、アクセスが難しかったり、立ち入りが禁止されている場所もある。その点富士山は、都心から電車やバスで三時間程度とアクセスが良く、気軽に一次遷移の様子が観察できる。富士山は約一万年前に形成された比較的新しい山で、たびたび小規模な噴火を繰り返している。そのため、同じ標高でも、年代の異なる火山噴出物上では一次遷移の段階に応じて植生が異なる。このように、アクセスが良く、一次遷移の様々な過程を一挙に観察できるという点で、日本でも大変貴重な場所なのである。

また標高による植生の違いが実感しやすいのも富士山の特徴である。一般的

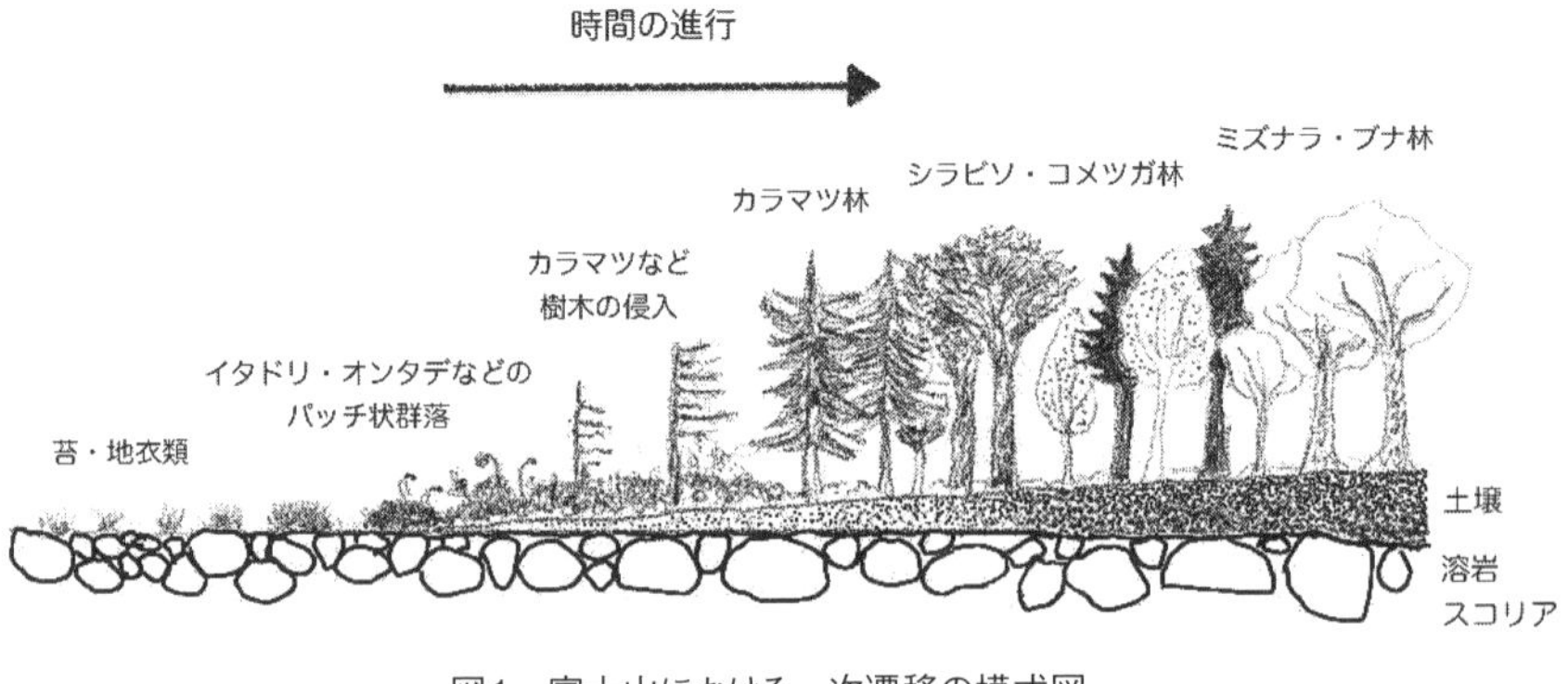

図1　富士山における一次遷移の模式図。
遷移初期の火山荒原からシラビソ・コメツガ林が成立するまでには1000年以上かかる。さらに遷移が進み、厚い土壌が形成されるとミズナラ・ブナ林が成立する。ここまでにおそらく数千年はかかると推察される。

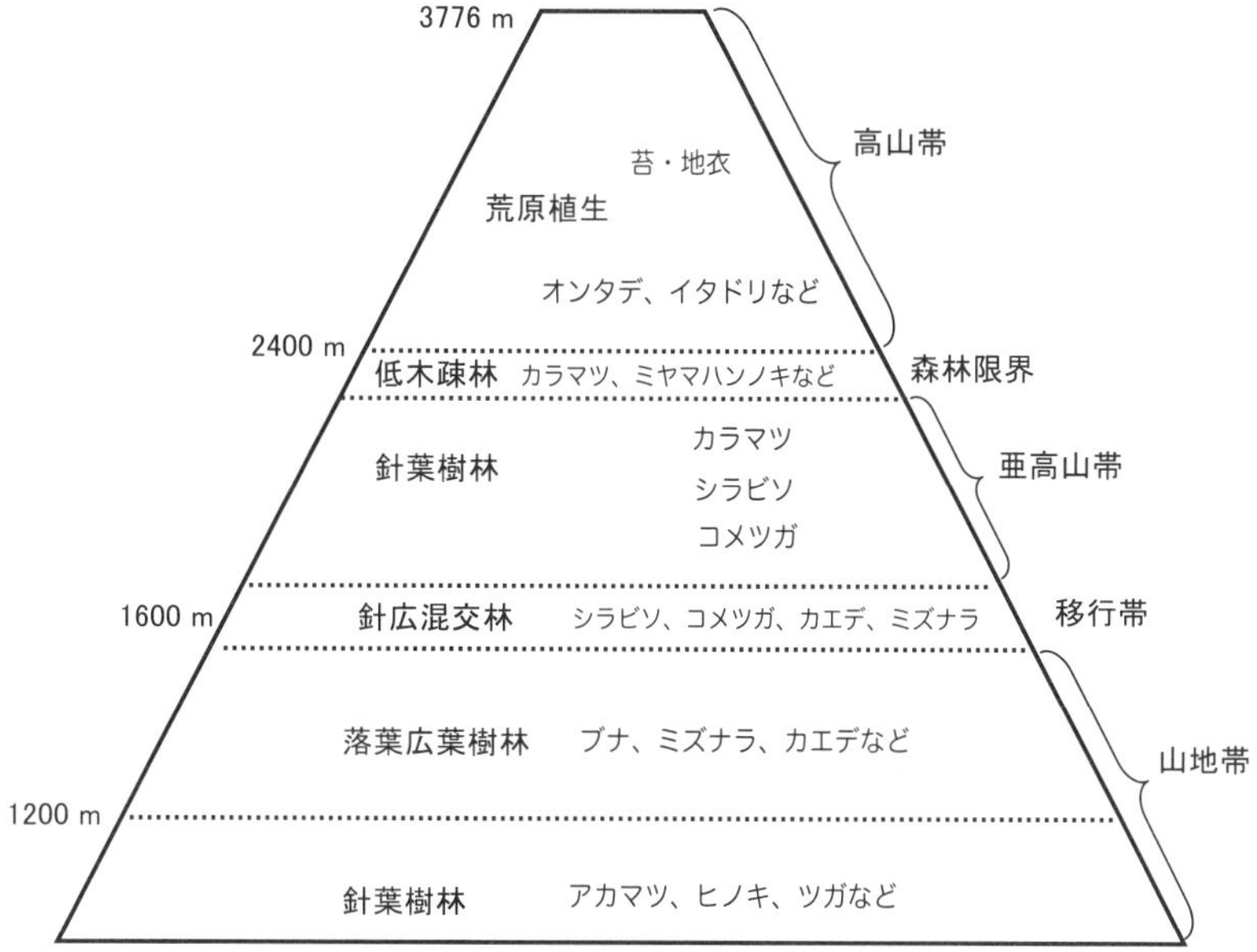

図2　富士山における植生の垂直分布

写真1　富士山五合目の森林限界周辺の様子。標高が上がるにつれ、森林から疎林に変わり、樹木の高さと立木密度が低くなる。さらに標高が高くなると裸地の中にパッチ状の植物群落がポツポツと分布するようになる。これらの植物たちはその多くが、より低標高から風や動物によって種子が散布され定着したものである。

には標高が一〇〇m高くなる毎に気温は〇・六℃低くなる。単純に計算すると一〇〇〇mの山麓と三七六mの山頂では、一六℃も異なる。この、①標高による気温の違いすなわち温度環境の違いと、②植物の種類によって生育に適した温度環境が異なること、が植生の垂直分布をもたらす大きな要因となっている（図2）。富士山は単独峰で傾斜が急なので、山麓から山頂まで登る間に一気に植生の垂直分布を観察・体験することができる。これもまた富士山ならではの自然の楽しみ方であろう。

また、標高が高い場所ほど、環境条件が厳しいため、遷移の進行が遅く、一次遷移の初期の状態を保っている。それでも何十年～何百年もかけて少しずつ遷移が進行し、そこに存在する植物の種類が入れ替わっていく。同時に、種子の散布によって上へ上へと植物の分布が広がっているのが富士山である。富士山五合目では、まさに植物が上へ上へと登っていく、その最前線が観察できる（写真1）。登山するのは人だけではない、植物も登山するのである。ただし、人は一～二日で登るが、植物は動けないので、種子散布のみで何十年～何百年もかけて富士山を登っていく。

2　春の富士山（五月～六月）

富士山の春は遅い。山麓に桜が咲く四月でも、五合目はまだ白銀の世界である。富士山の春は山麓から順におおよそ一か月をかけて五合目までやって来る。逆に言うと、五月になっても五合目には雪があるので、雪を楽しみたい場合はバスか自家用車で五合目まで登ると良い。山麓から歩いて登る場合はアイゼンが必須である。六月になると五合目では雪が融け、花が咲きだす。

五月、山麓では、富士の名が付くフジザクラがあちこちで見られる。正式な和名はマメザクラであるが、箱根や富士山周辺に多く分布することからフジザクラの別名がある。マメザクラという名のとおり花や葉が小さいのが特徴で、特に葉は在来の桜の中でも最も小さい。樹高も三m前後とそれほど高くない。うつむくように下向きに咲く小さな花が可憐である（写真2）。スバルライン入り口付近の道路沿いにはミツバツツジが多い。五月、ピンク色の艶やかな花は、新緑にはまだ早い殺風景な林の中で春の訪れを感じさせてくれる。

六月になると、五合目にも春がやってくる。この時期五合目で花をつけているのは、マイヅルソウ、フジハタザオ、ミヤマハンノキである。五合目バス停横のお中道入り口付近の遊歩道では、苔の絨毯の合間から、マイヅルソウの小さなハート形の葉がたくさん顔を出している（写真3）。一個体につき葉が一枚のみ、というとても慎ましやかな多年生植物であるが、花をつける個体では葉を二〜三枚つける。鶴が舞っているような小さな白い花をつけるのでマイヅルソウという。フジハタザオは富士の名前がつくアブラナ科の草本（写真4）で、五合目に分布する草本植物の中で唯一、常緑である。富士山の厳冬期、多くの草本植物が葉を落として休眠する中で、フジハタザオだけは緑の葉をつけたまま越冬するという。一見小さくか弱そうに見えるフジハタザオがどのようにして冬を越すのか研究してみると面白いだろう。

また、この時期お中道を歩いているとどこからか甘い匂いがすることに気づくだろう。これはミヤマハンノキの花の匂いである。猫のしっぽのような黄色い花穂（写真5）に鼻

写真2　フジザクラの花

写真5　ミヤマハンノキの雌花と雄花。上向きに出ている小さな穂が雌花、下に垂れ下がっている大きな穂が雄花。

写真4　フジハタザオの花

写真3　マイヅルソウの果実

を近づけて匂いを嗅いでみよう。ハチミツのような甘い香りにうっとりするかもしれない。ところで、ミヤマハンノキは特殊な能力をもっているのをご存知だろうか？　ミヤマハンノキは根に根粒菌を共生させ、空気中の窒素ガスから根粒菌が合成した硝酸を栄養塩として利用できるため、土壌中に栄養塩が乏しい五合目のような環境でも旺盛に生育できる。またミヤマハンノキの落葉は窒素分に富んでいるため、他の植物の肥料源になる。土壌が未発達で栄養塩が少ない五合目周辺では、ミヤマハンノキは生態系の一次遷移を加速する大事な役割をしている。

3　夏の富士山（七～八月）

七月の山開きの後、富士山五合目には登山客や観光客が大勢訪れる。しかし、富士山の魅力は登山だけではない。自然を楽しむのなら、お中道や、五合目から下の森林内をじっくり観察しながら歩くのが良い。頂上からの景色とはまた違った楽しみがある。ここでは筆者おすすめのお中道ルートと、精進口登山道を三合目まで歩いて下山するルートを紹介する。

3―1　お中道ルート

富士山の二三〇〇～二九〇〇m付近の標高を鉢巻きのようにほぼ水平に歩く道を「お中道」という。昔は静岡県側とつながっていたが、大沢の崩落が激しくなり現在は大沢の手前までしか通行できない。雲海や富士五湖をはるか眼下に見下ろしながら、高山植生を楽しむには最適なコースである。

ハクサンシャクナゲの回廊

スバルライン五合目のバス停からお中道を御庭・奥庭方面へ歩くと、遊歩道沿いにハクサンシャクナゲの大群落がある。七月中旬から八月上旬にかけて、白～薄ピンク色の花が回廊のように咲き誇る様子は大変美しい（写真6）。ハクサンシャクナゲの花を近づいてよく見ると、昆虫たちがひっきりなしに訪れていることに気づく。ハクサンシャクナゲは昆虫たちの大事な蜜源・花粉源になっている。同時に昆虫たちもハクサンシャクナゲの花粉を体に付けて運び、ハクサンシャクナゲの繁殖を結果的に手伝っている。五合目にハクサンシャクナゲが多いのはもちろんそこの環境条件がハクサンシャクナゲに適しているからであるが、花粉を運ぶ昆虫がいてこそ、種子ができ、個体数を増やし、分布を拡大できるのである。ハチやハエが嫌いな人もいるかもしれないが、ハクサンシャクナゲにとっては大事なパートナーなのである。

写真6　ハクサンシャクナゲの花

不思議な生きもの　地衣類

ハクサンシャクナゲの足元を見ると、苔やコケモモの群落が絨毯のように広がり、その合間に、ミヤマハナゴケの白く繊細で優美な姿が見え隠れする（写真7）。ミヤマハナゴケは苔という名がついていても、苔類ではない。

写真7　ミヤマハナゴケの群落。写真ではわかりにくいが、背の高さは10cm程度。

生物としては地衣類の仲間である。地衣類とは、北極や南極、高山などに分布する生き物で、菌類と藻類の共生体である。褐虫藻とサンゴ虫の共生体であるサンゴを思い浮かべてほしい。サンゴでは、褐虫藻が光合成をしてサンゴ虫に栄養を与え、サンゴ虫は褐虫藻に棲み処を提供して、サンゴという共生体が成り立っている。同様に地衣類でも、藻類が光合成をして菌類に栄養を提供し、菌類は藻類に住み場所を提供するという共生関係にある。地衣類は、乾燥すると活性を休止し、水が得られるとただちに光合成をおこなうことができる。そのため、岩の表面や樹木の幹の表面など、乾燥しがちな場所でよく見られる。ちなみにミヤマハナゴケは北極圏にも分布し、トナカイの餌になっているらしい。

火山荒原の開拓者

ハクサンシャクナゲの回廊を抜けると、視界が開け、赤黒い大地の中にポツポツと緑色の植物群落がパッチ状に点在する火山荒原が広がる（写真8）。火山荒原とは、溶岩や火山砂礫で覆われた荒野のことを言い、通常、土壌が非常に薄く、痩せた土地である。ここでは一次遷移の初期の過程が観察できる。富士山五合目周辺の火山荒原は、高温（夏は地表面温度が四〇℃になることもある）、低温（冬はマイナス二〇℃にもなる）、強光、乾燥、貧栄養、

写真8　火山荒原の様子。土壌が未発達の裸地にイタドリやオンタデなどがポツポツとパッチ状に分布する。

写真9　ムラサキモメンヅルの花。

強風、雪崩や土石流による攪乱等、植物にとって大変厳しい環境といえる。この火山荒原に最初に定着するのが、苔類や地衣類、イタドリやオンタデ、マメ科のイワオウギやムラサキモメンヅル（写真9）、ミヤマオトコヨモギ、フジハタザオなどである。風で運ばれてきた種子が火山荒原で発芽し定着できる割合は、五万分の一以下という（木部、一九九六）。定着できても、雪崩や土石流、その他の環境ストレスや攪乱によって死亡することも多い。そうして数十年～数百年の間、ゆっくりと成長し、株が大きくなり、やがて隣り合ったパッチ同士が融合し、さらにパッチが大きくなる。その間、植物の枯れた枝葉や根が土壌中に蓄積し、貧栄養だった土壌に少しずつ栄養が蓄積する。そうすると、パッチ内に様々な種類の植物が生育するようになり、最終的にはカラマツやダケカンバなど樹木が生育できるようになる。そしてさらに何十年、何百年もの時が流れると、カラマツの立木密度や樹高が高くなり、カラマツ林となる。この間、火山荒原の裸地からパッチ状植物群落を経てカラマツ林が成立するまでに数百年の時間がかかるが、お中道ではその様子を一目で見ることができる（写真1）。

耐えるカラマツ

さらに先へ進むと、御庭と呼ばれるエリアに到達する。ここでは枝や幹が曲がりくねっていたり、一方向にしか枝が生えていないような奇妙な形のカラマツが、至るところで観

写真10　カラマツの風衝樹形。強風で枝が風下側にしか生えていない。

察できる（写真10）。なぜこのような樹形をしているのだろうか。それはこのエリアで冬に卓越する風と関係している。富士山では西から東にかけて非常に強い風がふく。強い風によって飛ばされた小石で風上側の枝葉は傷つき枯死するため、風下側にしか枝が成長できない。また、雪崩によって先端の枝が折れたり、雪の重みで幹や枝が曲がることによってあのような奇妙な樹形ができあがる。これを風衝樹形という。風衝樹形を見れば、そこでどの方角に風が吹くのか、そのカラマツがどのような歴史をたどったのかを推測することができる。カラマツの風衝樹形を見ながら、その場所の環境を推測できるというわけである。ぜひ探偵になったつもりでカラマツの苦難の歴史に思いを馳せてほしい。

大沢のお花畑へ

御庭を過ぎると、奥庭へと下るルートと、大沢へのルートとの分岐点に到達する。分岐点をそのまま真っすぐ大沢方面へ進むと、カラマツとシラビソからなる亜高山帯針葉樹林の中を一時間ほど歩いた後、大沢に到着する。大沢の手前にはお花畑が広がり、七月中旬～八月上旬にはヒメシャジンやグンナイフウロ、オオサワトリカブト、カニコウモリ、ダイモンジソウなど美しい花を咲かせる植物たちを見ることができる（写真11、12）。

写真11　クルマユリの花

写真12　ダイモンジソウ

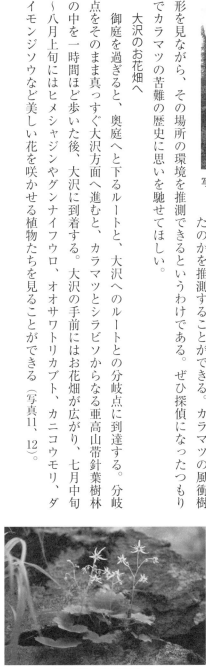

火山荒原からカラマツ林へ

分岐点を奥庭方面へと下ると、カラマツ林の中に入る。カラマツ林の中に入ると環境が大きく変化したことに気づくだろう。明るさ、温度、風の強さ、土壌の厚さがどのように変化したか観察してみよう。そしてなぜこのような変化が起こったのかを考えてみてほしい。これらの変化は、火山荒原に植物たちが侵入・定着し、カラマツ林が成立した結果起こったことである。

数百年～数千年という気が遠くなるような時間の中で、火山荒原に少しずつ植物が侵入・定着し、それとともに植物たちの枯葉や枯枝・根が土中に蓄積し土壌を形成する。土壌ができると水を保持できるようになる。すると、その環境でいち早く成長・繁殖できる植物種にまた入れ替わっていく。樹木の侵入後、さらに時が流れ、とうとう林ができると、光や風の強さ、土壌の厚さ、土壌水分・土壌有機物の量が大きく変わる。こうやって、優占する植物種の交代とともに、環境が変わり、その結果、また植物種が入れ替わる。これが植生の遷移である。今、目の前にある植物たちは永遠にそこに居つづけるわけではない。永遠に同じ環境が続くわけでもない。私たち人間の時間スケールに比べて、自然の時間スケールは気が遠くなるほど永い。

さて、カラマツ林の中をさらに進むと、一五分ほどで林を抜けてスバルラインに出る。ここまでゆっくり歩いて一～二時間。奥庭のバス停からバスに乗り下山するもよし、さらに奥庭方面へ下って奥庭荘で富士山を眺めながら昼食を食べるものよいだろう。奥庭荘には富士山で採れたコケモモのジュースや、山菜・キノコを使ったメニューがずらりと並ぶ。鳥のさえずりを聴きながら食べる昼食は最高に美味しい。

3―2　精進口登山道ルート

精進口登山道は、奥庭から精進湖まで約二〇㎞の行程で、シラビソやコメツガが優占する亜高山帯針葉樹林、針広混交林、ブナやミズナラ、カエデ類の優占する落葉広葉樹林、ヒノキやツガの優占する青木ヶ原の針葉樹林と、標高に応じて植生が変わる。富士山を下りながら多様な自然を楽しむことができるが、健脚でも丸一日かかるので、ここでは、半日で歩ける奥庭から三合目までのルートを紹介する。

苔の絨毯

奥庭荘の脇の登山道を下っていくと、ほどなくシラビソやコメツガからなる亜高山帯針葉樹林の中にはいる（写真13）。亜高山帯針葉樹林の特徴は何といっても、林床に広がるみずみずしい苔の絨毯だろう。ここでは、林床に広がる苔の多様性と美しさをぜひ楽しんでほしい。種名はわからなくてもよい。苔の種類によって様々に異なる形や特徴を識別し、何種類見つけることができるか、チャレンジしてみると面白い。できればルーペを片手に、葉や胞子体をじっくり観察してみよう。その美しさと精巧なつくりに驚かされるだろ

写真13　亜高山帯針葉樹林の林床。緑色の苔の絨毯があたり一面に広がる。

う。また、苔の絨毯の合間に、小さく可憐な花をつけるイチヤクソウやランの仲間を見ることができる（写真14、15）。これらの種の多くは絶滅危惧植物に指定されていて、大変貴重なものなので、決して採取したり傷つけたりしてはいけない。富士山は国立公園であり特別保護地区に指定されているため、動植物や岩石・土壌の採取や持ち帰りは禁止されている。また、「禁止されているから」という理由だけでなく、これら亜高山帯針葉樹林の植物たちは、成長するのにとても時間がかかるので、一度破壊したら再生するのに数十年はかかるからだ。例えば、シラビソの場合は、直径二cm、高さ八〇cmほどの個体でも五〇歳ということはよくある。苔も蘭もしかり。一cm成長するのに、何年も、何十年もかかるのである。自然を破壊するのは簡単だが、再生するのには長い年月がかかる。使い古された言葉ではあるが、「とっていいのは写真だけ」である。

写真14　キソチドリの花

写真15　イチヤクソウの花

幽霊現る!

もう一つ、この時期に亜高山帯針葉樹林内を歩いていると、幽霊のように白く透きとおる物体が地面からニョキッと出ているのに出くわすことがある。これはギンリョウソウ(別名ユウレイタケ)といい、自分で光合成をせず、他の植物の根に寄生して生きている寄生植物である(写真16)。自分で光合成をしないため、葉も葉緑素も持たず、繁殖器官である真っ白な花だけを地面から出し、種子散布をして子孫を増やし分布を拡大する。ギンリョウソウも大変貴重な植物なので、見つけても決して採取したりしないこと。

精進口登山道をそのまま下っていくと、三合目のバス停に到着する。奥庭荘から三合目のバス停まで、ゆっくり観察をしながら二~三時間程度で下りてこられる。ここでバスに乗って下山するとよい。

4 秋の富士山(一〇月)

富士山の秋の見どころは何といっても美しい紅葉だろう。しかしながら紅葉の時期はとても短く、一〇月中旬から下旬の二週間しかない。紅葉を楽しむなら、スバルラインが良い。スバルライン沿いはカエデ類の多様性がとても高いため、様々な種類のカエデの紅葉を楽しめる。山麓から三合目付近までの広い標高範囲で、それぞれの標高の環境に適した様々なカエデが分布している。しかも日当たりが良いため、きれいな赤色に色づく。おすすめは雨の日の翌日。雨に濡れてしっとりと赤~黄色に輝く紅葉はたいそう美しい。三合

写真16　ギンリョウソウの花

目より上では、真紅に色づいたナナカマドや（写真17）、黄金色に輝くカラマツの葉と、シラビソやコメツガの深緑色のコントラストがとても美しい。

この他、キノコの多様性と味覚も秋の富士山の楽しみとして欠かせない。キノコウォッチングには精進口登山道がおすすめである。特に奥庭から三合目までの亜高山帯針葉樹林内では、色も形も様々なキノコを見ることができる（写真18）。名前はわからなくとも、キノコの多様性を感じ、自然界の多様性とそれを育んできた長い年月に想いを馳せるだけでも十分価値はある。キノコを味わうなら奥庭荘がおすすめである。富士山で採れた地物のキノコをたっぷり使った「きのこ汁」はキノコ好きにはたまらない（写真19）。

写真18　亜高山帯針葉樹林の林床でみられるキノコたち

写真19　奥庭荘で提供される地物のキノコを使った料理（写真はきのこうどん）

写真17　ナナカマドの紅葉と果実。ナナカマドという和名は、七回かまどにくべても燃えないというナナカマドの難燃性に由来するといわれている。

5　冬の富士山(一二月〜三月)

一二月を過ぎると、登山道やスバルラインは雪で通行止めのことが多い。運よく通行できたら、雪の上を歩いてみよう。動物たちの足跡(野ウサギやテン、リスやカモシカなど)や、テンの糞などのフィールドサインを観察できるかもしれない(写真20)。積雪のため通行できなくても、富士五湖から眺める冬の富士山は言わずもがな美しい。河口湖から富士山を眺めるのなら、久保田一竹美術館まで足を伸ばすと良い(コラム参照)。

おわりに

ここで紹介したのは富士山の自然のごくごく一部である。自然を楽しむには、じっくりよく見ることが大切である。急がずゆっくりと宝物を探すかのように、自分だけの発見を楽しんでほしい。この章がその一助になれば幸いである。

〔参考文献〕
清水　清『植物の研究＝植物たちの富士登山』あかね書房、一九八七年
富士自然動物園協会編『富士登山ハンドブック』自由国民社、二〇〇一年
荒牧重雄、上野龍之、高田亮、石塚吉浩、中野隆志著『富士山　自然ガイドブック』山梨県富士山科学研究

写真20　雪上で見つけたピンク色のテンの糞。色と糞の中の種子から、コケモモを食べていることが推測できる。

所、二〇一六年
木部 剛『富士山高山帯に出現するコタヌキラン個体群の種子繁殖過程の研究』総合研究大学院大学博士論文、一九九六年
高木勇夫・丸田恵美子『慶応SFC人間環境ライブラリー 自然環境とエコロジー』日科技連出版社、一九九六年
富士山自然保護センター編『多様性ホット・スポット 富士山の自然 Part.1 いまの北側の自然』ほおずき書籍、二〇一四年

ミヤマシャジン

column

アートと自然の美の融合――久保田一竹美術館――

別宮有紀子

富士山の自然を楽しむには実物に対峙するのが一番だが、雨天や冬はなかなかそうもいかない。そんな時に実物以上に富士山の姿・美しさを堪能できる場所がある。それは河口湖畔にある久保田一竹美術館だ。美術館と言っても絵画に描かれた富士山を展示しているわけではない。ここでは「一竹辻が花」という染色技法によって着物に描かれた「富士山」を鑑賞することができる。

「一竹辻が花」は、染色家である久保田一竹氏が、室町時代に発祥し江戸時代初期に途絶えてしまった「辻が花」という絞り染めの伝統技法を復活させ、さらに独自に研究を重ねて開発した技法を駆使して、着物に雄大な自然美を表現したものだ。一竹辻が花の中でも特に、富士山を描いた作品群は、絵画や写真とは一線を画す、見事な芸術性とエネルギーにあふれている。

例えば、作品『穏』は、青木ヶ原樹海と富士山を描いたものだが、青木ヶ原の広大さと深さを微妙な色合いの変化で表現していて、写真や本物よりも青木ヶ原らしい。山裾から立ち昇る霧の、あたかも動きだしそうな様と、霧の中から太陽の光を浴びて光輝く富士山の姿は荘厳で何ともいえず美しい。着物という平面に描かれながら、まるで自然の情景を写し取ったかのように奥行きがあり、富士山の自然が見せる動と静、その中に宿る一瞬の美を、見事なまでに表現している。

また、富士山を描いた作品だけでなく、一竹氏が生涯をかけて創り上げようとした『光響』という作品群も、自然が見せる微妙な色合いや輝き、陰、静けさ、艶やかさ、荘厳さなど、自然の一瞬一瞬に宿る空気感と美を見事に表現している。全体で八〇の連作として構成され、一つ一つの作品が四季を表現している。そして作品全体で一竹氏の心の「宇宙」を表現するという、壮大な芸術作品となっている。一竹氏は『光響』を完成することなく二〇〇三年に八五歳で他界しているが、ご子息が継ぎ『光響』の完成を目指し創作を続けているという。

『台風が来ると道路が閉鎖される前に山に入り、台風が通り過ぎるまで大きな駐車場で大パノラマを見るのが常でした』というエピソードからも伺えるように、一竹氏の作品はどれも自然に対する敬意と情熱、自然の美しさに対する感嘆の眼差しであふれている。この、他に類を見ない「一竹辻が花」という芸術は、世界二〇カ所での個展の開催、フランス芸術文化勲章シュヴァリエ章の受賞、スミソニアン自然史博物館での個展の開催などに見られるように、世界的にも高く評価されている。ちなみに久保田一竹美術館は、かのミシュランガイドに三ツ

写真1　本館展示室。1000年を超える立派なヒバの大木がふんだんにつかわれている(写真提供：久保田一竹美術館)。

写真2　琉球石灰岩をふんだんに使った美術館。これも一竹氏のデザインによる(写真提供：久保田一竹美術館)。

星で掲載されている。

久保田一竹美術館は建物や庭の美しさも秀逸である。本館は、樹齢一〇〇〇年のヒバの大黒柱をふんだんに使った木造建築で、富士山をイメージして設計されている（写真1）。カフェや蜻蛉玉のギャラリーも併設されており、内装は富士山の溶岩や琉球石灰岩をふんだんに使用した独特の世界観を醸し出している（写真2）。一竹氏はスペインの建築家アントニオ・ガウディーを敬愛していたようで、美術館のあちこちにガウディーに対するオマージュを感じることができる。庭園の美しさも秀逸だ。京都の日本庭園よりもナチュラルで、自然との一体感が感じられる造りとなっている。どの季節に訪れても富士山の姿と庭園の美しさを堪能できるだろう。作品と、作品を展示している建造物も庭園も、全てを含めて、全体が一つの芸術作品、宇宙観を表現している唯一無二の美術館である。

＊最後に、久保田一竹美術館のスタッフの方には、取材の際に大変お世話になった。この場を借りて御礼申し上げる。

富士山周辺での動物観察の楽しみ方

――北垣憲仁

はじめに

近年、自然環境や野生動物への関心が高まり、全国各地で野生動物の観察会が開催されている。山梨県に接する東京都の高尾山ではムササビ観察会に多くの人が集まる。

日本列島にはさまざまな哺乳類が生息している。日本列島は、南北に約三〇〇〇㎞と細長く、そのため亜熱帯から亜寒帯まで多様な気候帯がある。地形も複雑である。またアジア大陸に近いため、大陸と接したり離れたりを繰り返してきた。大陸と接するときには、大陸から多くの哺乳類が列島に移動してきた。

こうした複雑で多様な自然環境や列島の成り立ちにより、日本列島の哺乳類の種数は豊富である。すでに絶滅したオオカミや外来種を含めると、陸生の哺乳類だけで一三四種が記録されている。

日本列島の哺乳類には、種数の多さとともに、固有種《こゆうしゅ》も多いという特徴がある。固有種とは、その地域や国にしか見られない生きもののことを指す。たとえば日本と同じような緯度にあり、また面積も似ている島国としてイギリスと南半球のニュージーランドが挙げられる。イギリスには四二種類の哺乳類が記録されているけれども固有種はいない。またニュージーランドでは三種類の哺乳類が記録されていて固有種は三種。つまり種数、固有種ともに日本列島は哺乳類の宝庫なのだ。

なかでも日本列島のほぼ中央に位置する富士山は、日本の哺乳類の約四〇%が生息している。野生動物の観察を楽しむには最適なフィールドといえるだろう。

だが多種多様な哺乳類が生息する日本でも、哺乳類に出会うのは容易ではない。一般に哺乳類は夜行性であり人目につきにくい。しかし食べ痕《あと》や糞、足跡などの生活の痕跡、生態などを参考にすると出会い易くなり、観察の楽しみも増えるだろう。この章では、富士山周辺の森で観察を楽しめる動物の生活の痕跡や生態を参考にして、誰にでもできる動物観察の工夫を紹介したい。

1　ムササビ（*Petaurista leucogenys*　Japanese giant flying squirrel）

まずは確実に野生動物の観察を楽しみたいという人にふさわしいのはムササビだろ

写真1　草原など多様な環境がある富士山

写真2　ニホンカモシカ（*Capricornis crispus* Japanese serow）

う。ムササビは日本固有種で、全長は七〇㎝ほどである。一生を木の上で過ごし、地上に降りることはほとんどない。体重は一㎏ほどである。そのため体重の軽い鳥のように羽ばたくのではなく、飛膜を使い滑空という方法で木から木へと移動する。風の力を利用して飛ぶグライダーと飛行の原理は同じだ。水平の滑空距離は、木の高さの約二倍といわれている。なかには一〇〇m以上滑空したという記録もある。

ムササビに確実に出会うには、まずムササビが生息している場所の見当がつけられるようになるとよい。ふつうムササビは、大きな木にできる洞《うろ》と呼ばれる穴を住み家とする。このような大木は今では森のなかには少なくなったが、神社や寺院などの境内にわずかに残されている。ただし神社や寺院であればどこでも生息しているわけではない。ムササビはメスで約一ha、オスで約二haの行動圏をもつ。つまり、住み家となる大きな木と、そこから滑空して移動できる距離に広い森があることがムササビの生息の条件となる。山の近くにある神社や寺院を地図で探してみるとよいだろう。

次に、ムササビが確実に生息している証拠を見つける必要がある。年間を通して探せるのは、糞である。ムササビの糞は直径五㎜ほどの球形をしている。ほかにこれと同じような形と大きさの糞をする哺乳類はいない。ムササビは木の枝で糞をすることが多いため、大木の下やその周辺を探してみるとよいだろう。さらに食事をした痕も生息している証拠となる。ムササビはほぼ完全な植物食で、葉や花、種子、果実などをおもに食べる。ただし、葉を

写真3　ムササビが生息する神社

写真4　ムササビの糞

写真5　ムササビの食べ痕

食べた痕を探すならば、若葉をよく食べる春から初夏がよい。ムササビが若葉を食べた痕には、他の哺乳類にはない特徴がある。葉にV字の切れ込みができるのだ。ムササビは片手を使うことができるため、このような特徴的な食べ痕になる。

葉の食べ痕や糞が見つかれば、ほぼ確実にムササビが生息しているという証拠になる。あとはじっさいに観察をするだけだ。

ムササビは時間に正確な哺乳類である。日没後、二〇分から三〇分ほどすると活動を始める。その地域の日没の時間を調べておくと、ほぼ確実にムササビを観察できるということになる。観察の入門編としてムササビがふさわしいと述べた理由もここにある。

富士山周辺の森でのムササビ観察は、秋から春が適しているだろう。この時期、木々の葉は少なくシルエットで滑空が観察できるため、懐中電灯も必要ない。晴れた日であれば、星空を背景に滑空するムササビと出会えるはずだ。

2　ニホンリス (*Sciurus lis*　Japanese squirrel)

哺乳類は一般に夜行性が多い。けれども昼間に活動する哺乳類もいる。その代表がニホンリスである。

ニホンリスは本州と四国、淡路島に分布しているが、九州では近年、確認できていない。ムササビと同じく日本固有種で、ほぼ完全な植物食である。とくにクルミは大好物で特徴的な食べ方をする。

写真6　ムササビの滑空

写真7　ニホンリス

ニホンリスには鋭く堅い切歯《せっし》（前歯）があるため、堅い殻をもつクルミの実を食べることができる。問題は、どのようにして食べるか、である。先に紹介したムササビは片手を使うことができるが、ニホンリスは片手で物をつかむことができない。必ず両手をクルミに添え、堅い殻の合わせ目に歯を当てて割る。そうして中の実を食べる。そのさい、二つに割った殻を重ねるようにして両手で支え、中の実を残さず食べる。ニホンリスは、高い木の枝などあたりが見渡せるような場所で食事をするのが好きなようだ。森を歩いていると、たいてい木のそばにまとまってクルミの殻が落ちているのに出会う。

このほかにニホンリスが食べた痕として特徴的なのが、松ぼっくりである。富士山でも森のなかを歩いていると、アカマツやゴヨウマツなどの実を食べた痕を見つけることができる。ただし、ムササビも同じような食べ方をするので、どちらが食べたのかはじっさいに姿を見て確認しなければ分からない。しかし、このような食べ痕を見つけることができたら、近くにニホンリスかムササビが生息しているという証拠になる。

ニホンリスに出会うには、森の中で食べ痕が多数落ちているクルミの木のそばでじっと待つとよい。とくに朝方と夕方の時間帯に活動が盛んになるようだ。

ニホンリスには、地面を掘ってクルミを貯蔵するという面白い習性がある。それも一カ所にまとめて埋めるのではなく、分散して埋める。食物が

写真8　ニホンリスによるクルミの食べ痕

写真9　ニホンリスによるマツボックリの食べ痕

写真10　ニホンリスが埋めたクルミの芽生え

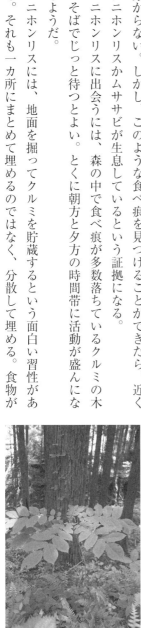

乏しくなる冬に備えてのことだ。最近の研究によると、埋めた場所をニホンリスは覚えているらしい。みごとな記憶力だ。だが時として埋めたクルミの場所を忘れることがある。春になるとそこからクルミの芽が出てくる。ニホンリスは、クルミから栄養豊かな実をいただく代わりに、クルミを遠方まで運び森をつくる役割を果たしていることになる。

3　アカネズミ（*Apodemus speciosus*　Large Japanese field mouse）とヒメネズミ（*Apodemus argenteus*　Small Japanese field mouse）

ネズミの仲間（ネズミ目）には上下二本ずつの頑丈な切歯（前歯）がある。この歯で堅い木の実などを囓《かじ》るため、齧歯《げっし》類《るい》とも呼ばれている。世界の哺乳類のなかでもネズミの仲間は南極以外のすべての大陸に分布し、もっとも種類が多い。四五〇〇種ほどの哺乳類の約四〇％を占めている。富士山周辺の森に暮らすネズミの仲間で観察しやすいのは、アカネズミとヒメネズミだろう。この二種は個体数が多いうえに、平野部から山地まで広く生息している。

アカネズミは、その名が示すように赤みがかった美しい体毛をもつ。全長は二〇㎝ほどでおもに種子や果実を食物としている。このネズミを観察するには、まず食べ痕を探すとよいだろう。動物にはそれぞれ食物の食べ方が決まっていて、その特徴から食べた動物を推測できるからだ。先に紹介したニホンリスはクルミを二つに割って食べるが、このような食べ方はニホンリスに特有のものだ。

写真11　アカネズミ

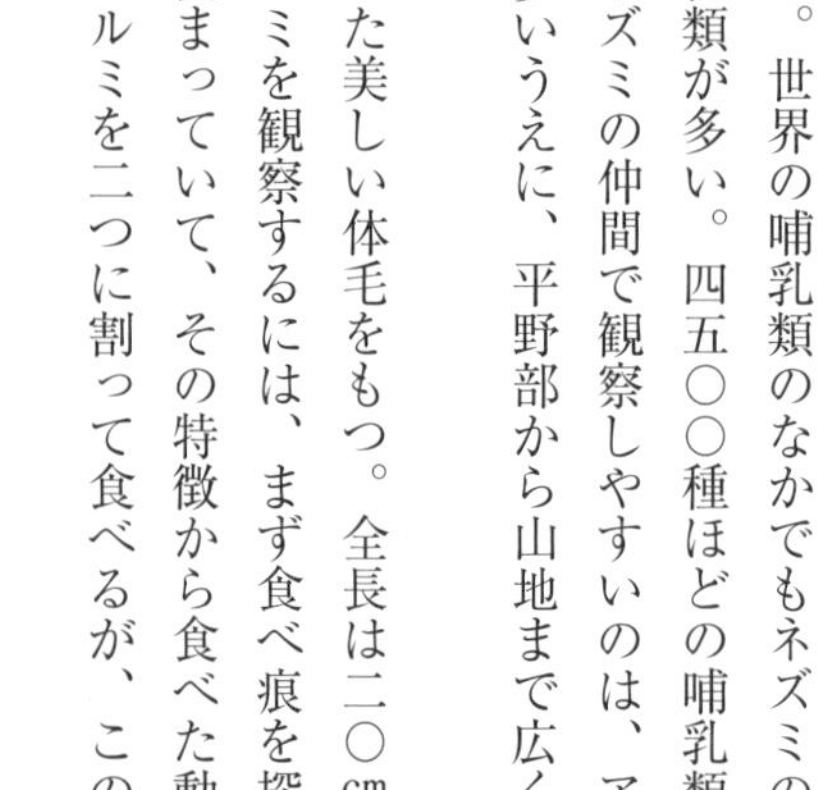

写真12　ヒメネズミ

アカネズミもクルミが好物である。しかしその食べ方はニホンリスとは異なる。アカネズミは、クルミに丸い穴をあけて中身を食べる。丸い穴があいたクルミを見つけたらそれはアカネズミが食べたものかもしれない。たいていクルミの木の近くを探してみると、このような丸い穴があいたクルミの食べ痕を見つけることができる。つまりアカネズミが生息している証拠である。特徴のあるこの食べ痕を手がかりに、夜、静かに観察すればアカネズミとの出会いを楽しむことができるだろう。

ヒメネズミは、アカネズミよりも体のサイズは小さく、全長は一八cmほどである。見た目はよく似ていてこの二種を識別するのは難しい。ただしアカネズミはクルミの堅い殻に穴をあけることができるが、ヒメネズミにはできない。そしてアカネズミと同じようにヒメネズミも全国に広く分布する日本固有種である。では、どのような場所で何を手がかりにすればヒメネズミに出会えるのだろう。

富士山では、溶岩帯にヒメネズミが生息している。どうして溶岩帯にアカネズミではなくヒメネズミが多く生息しているのかその理由はよく分かっていない。この溶岩帯でヒメネズミは小さな隙間やトンネルを使いながら暮らしている。ヒメネズミの好きな種子の一つにツリバナ（*Euonymus oxyphyllus* spindletree）の実がある。ヒメネズミは地上だけでなく木に登っておもに種子や果実などを食べる。このツリバナは富士山の溶岩帯にもある植物で、秋、実が赤く熟す。このころになると地上にツリバナの食べ痕を見かけることがある。溶岩帯でこのような食べ痕を手がかりに夜、観察すればヒメネズミに出会える。

アカネズミは、ニホンリスと同じようにクルミなどの木の実を地中に蓄える。ヒメネズミにも種子などを何カ所かに分散して蓄える習性がある。ここに紹介した二種も結局は森

写真13　アカネズミによるクルミの食べ痕

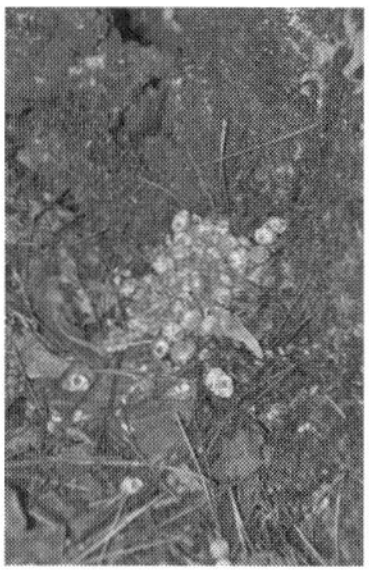

写真14　ヒメネズミによるツリバナの食べ痕

づくりの一端を担っていることになる。

4　アズマモグラ (*Mogera imaizumii*　Small Japanese mole) と コウベモグラ (*Mogera wogura*　Large Japanese mole)

日本はモグラの王国である。同じ島国のイギリスではモグラは一種しかいない。しかし日本全体では七種のモグラが記録されている。その一因として、石が混じった固い土や腐葉土の柔らかい土など多様で複雑な日本列島の環境や地形も関係しているのではないかと考えられている。

富士山の西側に朝霧《あさぎり》高原という広大な草原がある。秋の終わりから冬になると、この草原に高さ二〇cmほどの多数の土の山ができる。この土の山は、モグラが地中でトンネルを掘るさいに地表に土を押し出したもので「モグラ塚」と呼ばれている。これも野生動物の生活の痕跡である。この時期、草原に多数できる「モグラ塚」は冬の風物詩の一つといってもよいだろう。

じつは朝霧高原には、西日本を中心に分布しているコウベモグラが生息している。朝霧高原の草原に多数できる「モグラ塚」をつくったのは、このコウベモグラである。一頭のモグラが一冬で数百kgほどの土を地中から地表に掻き出したという報告もある。この景観を見ると、土を撹拌《かくはん》するという重要な役割をモグラが果たしていることがわかる。

富士山の東側に位置する都留市にはコウベモグラではなくアズマモグラが生息してい

写真15　朝霧高原のモグラ塚

写真16　アズマモグラ

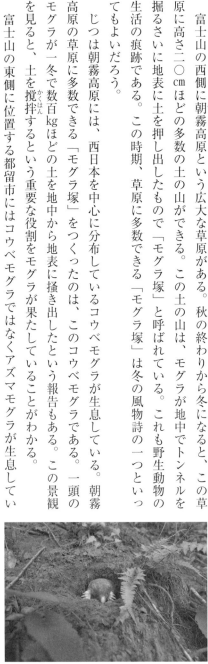

る。つまり朝霧高原の周辺は、コウベモグラとアズマモグラの分布の境界となっているのだ。

富士山周辺には大人の親指ほどの小型のモグラも生息している。それがヒミズ（*Urotrichus talpoides* Japanese shrew mole）で、コウベモグラやアズマモグラと同じ日本固有種である。地表近くにトンネルを掘りミミズや昆虫などを食物としている。森で倒木を持ち上げてみると、地表に直径三㎝ほどのトンネルができていることがある。これなどはヒミズが掘ったトンネルだろう。このほかにも河川の源流付近には魚や水生昆虫を狩るモグラもいる。カワネズミ（*Chimarrogale platycephala* Japanese water shrew）で、目はほとんど見えないにもかかわらず巧みに魚を捕らえることができる。

モグラの仲間は、地中や水中で狩りをしたり移動したりしていてじかに姿を目にする機会は少ない。そのため今なお生態にかんしては謎が多い。いちばん私たちに身近な環境にいながらもっとも遠い存在なのかもしれない。それでも「モグラ塚」やトンネルなどの生活の痕跡を観察することで暮らしぶりを想像することはできる。富士山周辺はモグラの王国を探究するのにふさわしいフィールドといえるだろう。

おわりに

現在、世界に分布する哺乳類は、地中から空中まであらゆる空間に進出している。そしてそれぞれが暮らす空間に適した形態と生態・行動を発達させてきた。富士山周辺に分布

写真17　ヒミズ

写真18　魚を捕らえたカワネズミ

する哺乳類でも、本章で紹介したムササビは、一生を樹上で暮らすために滑空という移動手段や植物だけを食べて生きる知恵を身につけた。ニホンリスには、地上と樹上を行き来しながらクルミの実を無駄なく食べる技があるし、アカネズミやヒメネズミも、地上や地中に分散して食物を貯蔵する習性を発達させた。モグラの仲間は、地中や水中でミミズや魚などの食物を巧みに狩る技を洗練させた。こうした生態や行動にはあらゆる空間に進出した世界の哺乳類に共通するものがある。

富士山周辺には、地中や水中から樹上まであらゆる空間に進出した哺乳類の仲間が生息しており、生活の痕跡を手がかりにこうした哺乳類の生態や行動を想像し探究する楽しみがある。それは、世界の哺乳類の暮らしぶりを理解することにもつながっている。

〔参考文献〕

阿部永監修『日本の哺乳類　改訂2版』東海大学出版会、二〇〇八年
日高敏隆監修『日本動物大百科1　哺乳類Ⅰ』平凡社、一九九六年
今泉吉晴『空中モグラあらわる—動物観察はおもしろい—』岩波書店、一九八七年
今泉吉晴『モグラの地中』フレーベル館、一九九八年
神奈川県立生命の星・地球博物館編『かながわ自然図鑑3　哺乳類』有隣堂、二〇〇三年
北垣憲仁『カワネズミの谷』フレーベル館、一九九六年
三浦慎悟ほか『小学館の図鑑NEO　動物』小学館、二〇一二年
渡邊通人ほか『富士山の自然　いまの北側の自然』ほおずき書籍、二〇一四年

ヤマネ（*Glirulus japonicus*　Japanese dormouse）：本州、四国、九州に分布する日本固有種。木のすき間などで冬眠する

column

動物観察を楽しむには

北垣憲仁

本章で紹介したように、富士山周辺にはさまざまな野生動物が生息しており動物観察に適した環境にある。だが私たちが森に入ること自体、多少なりとも自然に影響を与えていることを忘れないようにしたい。また観察にさいしては、動物の暮らしにむやみに干渉したりしないよう細心の注意を払う必要がある。そこでこのコラムでは、動物観察を楽しむさいに注意する点を挙げてみたい。

1　できるだけ遊歩道など整備された道を歩く。多くの地域では遊歩道などが整備されている。そこを外れてしまうと、冬期には狩猟が始まる場所もあるなどさまざまな危険が伴うため、できるだけ整備された遊歩道を利用して観察したい。

写真1　樹洞をねぐらにするヤマコウモリ（*Nyctalus aviator* Birdlike noctule）

写真2　カヤネズミ（*Micromys minutus*　Eurasian harvest mouse）

写真３　ムササビ観察会の様子

写真５　カヤネズミの巣

写真４　キツネの足跡。まっすぐに足跡がつくのが特徴

写真６　不思議なクルミの食べ痕。上はニホンリスによる食べ痕。下は謎の食べ痕。フィールドにはまだまだ不思議が数多くある

2　森に接した神社や寺院には大木があることが多く、そのような場所ではムササビやコウモリ類などのさまざまな哺乳類が観察できる可能性がある。こうした場所で観察したい場合には、あらかじめ関係者に許可を得ておきたい。また観察する場所が私有地の場合にも無断で立ち入ることはせず、所有者に許可をとっておこう。

3　森に入るときには大型の野生動物に注意する。特にツキノワグマ（*Ursus thibetanus*　Asiatic black bear）の場合には、ラジオや鈴など音のなるものを持参し不意な接近や接触を避ける工夫をする。

4　巣に近づかないようにする。動物にとって巣は、子育てなど重要な意味をもつ。そのため、巣を見つけた場合には近づかないようにする。たとえば土を掘って巣をつくるキツネ（*Vulpes vulpes*　Red fox）や草原でススキなどに球状の巣をつくるカヤネズミなどは、人間が近づくとその場所での育児を放棄することがある。

5　哺乳類は夜行性が多い。そのため夜の観察では、なるべく動物の目に影響を与えないような工夫をしたい。たとえば懐中電灯に赤いセロファンを張ると、動物は光をあまりまぶしいとは感じない（しかし多少なりとも明るさは感じるようだ）。観察時にはあまり音を立てないようにしてじっと観察するとよい。

野生動物は感情移入しやすいため出会えたときの感動は大きい。ここで紹介したさまざまな動物たちの食べ痕や糞、足跡などは、富士山周辺の遊歩道や神社、寺院でも見つけることができる。そうした生活の痕跡をもとに、動物たちの生活の様子を想像しながらそれぞれにあった観察の工夫をしていくのも楽しい。それは自然とのいい関係をつくる第一歩となるし、専門家でなくとも子どもから大人まで誰にでもできることである。そのようにして、誰も知らないことを自分の目で発見することこそ動物観察の楽しみであり魅力だろう。

ニホンジカ（*Cervus nippon*　Sika deer）：季節に応じてササ類や樹皮などさまざまな植物を食べる

●や行●

●ら行●

Mount Fuji Guide

from Tsuru University

Contents

Introduction
Mount Fuji: A Local, Global, and Cosmic Experience

Hywel Evans

The registration of Mount Fuji as a World Heritage site in 2013 posed significant challenges as well as opportunities. For Japan, the local community, and the university, these challenges and opportunities turned out to be both global and local in scale.

The sudden huge increase in the number of tourists to the area was, of course, welcomed as a way of boosting the local economy. Indeed, these days, many of these tourists are visiting picturesque locations very close to the university itself, which we are very happy about.

As the closest public university to Mount Fuji, situated in an area of deep historical interest, and very close to the historic Fuji Road, Tsuru University needed to find a response. We had to welcome tourists from overseas. After all, many of our students were already working as tour guides at local train stations and on the mountain itself. Furthermore, increased tourism to the area from foreign countries offered the means to build stronger connections with the outside world, to connect the university globally, beyond the immediate local community. Students were now under more positive pressure to develop their English language skills and do their best to communicate with people from all over the world.

This guide can be read as a perspective on our attempt to responsibly deal with the stresses caused by massive changes in the local area, while attempting to understand our relationship with the sacred mountain. Certain chapters have been translated into English in the hope that foreign tourists will find them helpful and that local students will enjoy the reading practice and find it illuminating. For both, we hope that it will become clear that Japanese culture and history comes into focus through the study of the great mountain as a sociopolitical and cosmic force.

Professor Watanabe Toyohiro is a major figure in the field of Mount Fuji studies, having written extensively on Mount Fuji's status as a World Heritage site, its impact on the environment, the light and dark aspects of tourism in the area. His article here provides an extremely valuable overview of vitally important issues relating to mass tourism in the area.

His work offers a blueprint for sustainable Fuji tourism. It is no exaggeration to say that all tourists to the area, as well as local students, should be familiar with these ideas.

Recognizing the importance of environmental conservation, the articles on plant and animal life in the area, by Professor Bekku Yukiko and Professor Kitagaki Kenji respectively, offer important suggestions regarding how to enjoy the rich, natural Fuji environment as responsibly as possible. Both of these articles contain valuable information on how the local natural world, with many unique aspects, may be fully experienced without causing unnecessary damage. We are proud to say that these articles strongly indicate the centrality of the university to studies of the unique natural environment in this country.

The immediate local area of the university is also put into historical context, sometimes quite startlingly. Professor Iwashita Tetsunori offers a highly informative explanation of the importance of the Fuji Road and the political and historical importance of those who travelled on it. The reader can enter the world of generations of Fuji worshippers who made the grueling pilgrimage in the past and receive guidance to areas of interest today. Regarding the university itself, Professor Katō Kōji focuses on the immediate Tsuru vicinity and brings to life the world of the great haiku master Matsuo Bashō. The Tsuru area beyond the university, it will be understood, is truly connected to the history, culture, and nature of Mount Fuji.

It is fervently hoped that both students and tourists will find the articles here useful. We believe that the area cannot really be fully enjoyed and appreciated without reflecting on where one truly stands in relation to the sacred mountain. The articles within are expected to afford travelers the means to orient themselves so as to see things from a local perspective, to fully experience a mountain of cosmic significance without necessarily making the effort to trudge to the top of it!

Mount Fuji Worship and the Fuji Road

Iwashita Tetsunori

Introduction

In the city of Edo (present-day Tokyo), which one may consider the first capital of early modern Japan, it was possible to view Mount Fuji from a number of different locations. If one looks at Hiroshige's One Hundred Famous Views of Edo or Hokusai's Thirty-six Views of Mount Fuji, it is obvious that Fuji was still an everyday sight from within the city. There were as many as eight Fujimizaka (Fuji View Hills) in Edo with many Fujizuka (mounds meant to represent Mount Fuji as an aid to worship) built during the late Edo period, and, at that time, large numbers of city dwellers must have dreamed of climbing the real thing one day.

However, even today, Fuji remains a mountain not without its dangers, particularly in bad weather or (heaven forbid!) in case of an eruption. Careful preparation and guidance are required to successfully climb it and it is vital to learn from the experiences of others. Navigating from the environs of old Edo to the foot of Mount Fuji, through the Tsuru region, from there to the summit, and then making a safe return to Edo remain important priorities today, just as they did in the past.

In this context, let us follow the footsteps of Fuji worshipers on the Fuji road from the Edo period up to today. First, let us look at the general form of pilgrimage to Mount Fuji conducted during the late Edo period by Fuji worshipers (both leaders and disciples). Let us, then, go on a journey from old Edo to the peak of the sacred mountain.

1 Pilgrims Climbing along the Fuji Road

At dawn, we depart on foot from the city of Edo. We take the Kōshūkaidō, one of five major routes out of Edo at that time, from the area of Naitō Shinjuku (the present-day Shinjuku). As we walk, with our view unencumbered by tall buildings, Fuji becomes visible now and again along the way, which is certainly encouraging, and we eventually arrive at lodgings in Hachiōji. Hachiōji is a town guarded by one thousand of the Shōgun's men, Hachiōji Sennindōshin. They loyally wait in readiness to burst into action in the event of Tokugawa Ieyasu needing to flee to Kōfu They belonged to Takeda Shingen before

Tokugawa shogun's retainer so they know the Kōshū area like the back of their hands. They do duty during the great fire at the Nikkō Tōshō Shrine. In the late Edo period, they help maintain security in the land of the Ainu, open up the north country, and serve in the Chōshū war. One of them, Matsumoto Tokizō, was a friend of Watanabe Kazan, so Hachiōji Sennindōshin clearly had a bent for study.

It is all uphill to Hachiōji but still relatively flat. However, you still have to visit the Sengen Shrine at Takao and cross the Kobotoke Pass. This involves walking along some arduous mountain paths. At the top of the pass, there is a teahouse called Kashiwaya, also known as Miroku's Teahouse after the great Fujikō leader Jikigyō Miroku (1670–1733). This pass represents extremely tough going between the old Musashi and Kōshū provinces and was also known as the Fuji Pass. Even after you enter Kōshū, another pass, the Inume Pass awaits you. The unforgettable image of The Kōshū Inume Pass from Hokusai's Thirty-six Views of Mount Fuji comes to mind, with the travelers climbing a steep hill with Fuji on their left-hand side. The horses, which must bear the weight of both travelers and their luggage, hang their heads wearily.

Just before Ōtsuki is Saruhashi (Monkey) Bridge, which was well-known in Edo from Hiroshige's depiction of The Monkey Bridge in Kai Province. It is known today as one of Japan's three unusual bridges (the other two are in Yamaguchi and Toyama Prefectures). From looking at the scene in Hiroshige's painting, one must notice that Fuji is not visible from the Monkey Bridge. Indeed, the Monkey Bridge and Fuji cannot be seen together. However, below the bridge is a place for spiritual practices used by Fuji worshipers, particularly for bathing. Finally, we arrive at our inn at Ōtsuki. This is still well-known as on the path of the Fuji Road to Yoshida and the Kōshūkaidō to Kōfu. Just out of Ōtsuki, the view of Fuji from Muhen Temple is stunning. Indeed, the sacred peak lies this way, and it draws the pilgrim past Tanokura, Ikura, and on to Yamura. Yamura was important as Oyamada's castle town during the Warring Period. Over time, the names of the lords who ruled over the area changed rapidly, from Torii, to Katō, to Asano, back to Torii, then Akimoto. By the middle of the Edo period, it was being run as a proxy territory by the Shogunate. Even the great haiku genius Bashō visited on occasion. High quality Kai silk was being produced in the Yamura area and the souvenirs and produce of the area were well-known. With the sound of weaving ringing in our ears, we proceed to Tōkaichiba, Natsugari, and visit Miroku Hall. We continue the sharp climb along the Fuji Road to Aizen and Lower Yoshida (Shimoyoshida). On the Fuji Road from Ōtsuki, we can fully enjoy the previously

hidden Fuji. At long last, we pass through the Kanadorii gateway to Mount Fuji at Upper Yoshida (Kamiyoshida) and arrive safely at the Oshi resting houses traditionally used by pilgrims on their way to climb the sacred mountain. It has taken us almost four days from Edo but from here on these are all sacred places to Mount Fuji and we feel we have truly arrived. The body and spirit revive and the tiredness of the journey disappears.

Our Oshi guide soon leads us to a womb-like opening in the rock at the base of the mountain. This was discovered by Hasegawa Kakugyō (1541–1646) and is foundational to Fuji worship and the Sengen shrines. Perhaps like the master Kakugyō (known as the founder of Fuji worship) one may experience a kind of rebirth in this womb. After this, we return with the Oshi guide and stay the night.

In this way, the Oshi not only provide shelter for pilgrims but also act as intermediaries between the traveler and Shinto deities (kami). With prayers and offerings, consultations with the oracle, we distribute amulets to pilgrims from Edo and other parts of the Kantō region as a way of encouraging the worship of Mount Fuji. On occasion, combs, fans, and belts were also employed in this way in the progress to the sacred peak. One can certainly see this as a form of business enterprise that persists today. In early modern times, lords and landowners could be counted among the worshippers, and the Oshi had followers not only in Kōshū but also in far-flung domains, such as present-day Kyōto, Nagano, Gifu, Aichi Prefecture etc. The Oshi houses of Yoshida faced the street on a long, thin strip of land, with the house itself at the back. The old Togawa residence still stands. At one time, there were ninety Oshi houses in Yoshida alone.

The next morning, we leave the Oshi residence, pay our respects at the large Yoshida Sengen Shrine, change into white cotton garments at the spot where the horses must be turned back, and proceed to climb, chanting "Rokkonshōjō" as we go. This is to invoke a purification of the eyes, ears, nose, tongue, body, and spirit. We visit the Suzuhara shrine at the first station, the Omuro Sengen shrine at the second station, and pass the Komitake Sekison shrine gateway at the fifth station. We continue by way of the large rock shrine at the seventh station and eventually rest for the night at the Manuemon lodge at the eighth station. The next morning, on arriving at the top, we pray to the sunrise and can truly feel a cleansed spirit and a sense of rebirth. After this, we proceed to the crater of the volcano, visit the broken stones of the Buddha, and immediately go down as far as Sunabarai at the fifth. We return to stay at the Oshi house in Kamiyoshida and the next day visit the Fūketsu Wind Cave (in present-day Fujinomiya) famous from Kakugyō's spiritual practices and,

after a visit to the Jōdō mountain, stay the night at Zenuemon. The next day, we visit the Shiraito Falls, also renowned from Kakugyō's spiritual practices, then go on to the Fujiwara lodgings (present-day Fuji City) on the Tōkaidō road. After passing Hakone, Odawara, Fujisawa, Hodogaya, and Shinagawa we finally return to Edo. All in all, it is a journey of twelve or thirteen days. A further visit to the Ōyama Afuri shrine in Isehara or the Yoganji temple in Enoshima island or Kamakura would make it even longer. It would all also come at a cost of a lot of time and money. Even though it may seem that Mount Fuji is relatively close to Edo, a visit to the top was not achievable very often up until the Edo period so pilgrims had to make the most of every opportunity.

2 The Fujikō Faith as Fuji Worship for the People

The Fujikō phenomenon of the Edo period that we have looked at so far has a quality somewhat different from the other Fuji-related or mountain-oriented religions before that time. The sangaku shugen mountain practices were focused on lonely discipline in the mountains but Fujikō was an astonishing mass mountain pilgrimage phenomenon that defied governmental control. One might almost see them as an opposition political party utterly detested by the Shōgunate.

At the beginning of the seventeenth century, Kakugyō, a native of Nagasaki, went into a hole (hitoana) at the base of Mount Fuji. Legend has it that the location was mysteriously communicated to him by the eighth century wizard, En no Gyōja. It is claimed that Kakugyō continued to stand on a small square piece of wood for one thousand days. After this transformational experience, he developed his own religious philosophy, was able to cure many people of virulent diseases that prevailed at the time, and became renowned among the people.

The first Shōgun, Tokugawa Ieyasu, was profoundly influenced by Kakugyō so one might argue that he made a historic contribution to peace in Japan. It is believed that Kakugyō met his death in the hitoana (a form of religious suicide, by way of extreme asceticism, in the cave). Through the efforts of the legendary Kakugyō, the Mount Fuji religion and philosophy also came to have a huge influence on the populace.

Kakugyō's teachings were inherited by Kosei Murakami (1682–1759) and Jikigyō Miroku, the Fujikō luminary mentioned earlier. Murakami was an Edo merchant who managed to enlist support among his fellow merchants, as well as among powerful figures in the Shōgunate. The splendid Kitaguchi Honmiya Sengen Shrine in Kamiyoshida was

built with the support of abundant funds that became available to expand the Mount Fuji belief system. The relationship between Fujikō and the authorities was not yet so fraught and the Kitaguchi main shrine benefited from the support of Takeda Shingen, the great Daimyō of the area. Donations gained further momentum through the efforts of Murakami. As a result of the efforts of Murakami and Jikigyō, the Fuji religion was to reach its peak in the Kantō region.

Jikigyō was also a merchant, born in Ise no Kuni (an area corresponding to parts of present-day Mie prefectures), popularly known as Itō Ihei. He became a Fujikō disciple, experienced enlightenment on his first pilgrimage in 1687, disposed of his assets, and devoted himself to work as a Fujikō missionary. His teachings were powerfully influential because they were easy to understand and easy to practice: "Take care of yourself and work diligently." "If you work diligently, you will be able to eat. If you can eat, you will be able to experience rebirth." In 1733, in the midst of extreme famine, he also voluntarily starved himself to death at Mount Fuji, thereby gaining more followers through great renown. His teaching that if you lived earnestly, you will eventually be reborn and saved via the act of climbing Mt. Fuji was enthusiastically accepted by Edo people who were, at this time, becoming increasingly dissatisfied with the samurai-controlled world they lived in.

After the death of Jikigyō, his philosophy was further developed under the influence of various followers, including his daughter, Hana. At that time, women were forbidden to climb Mount Fuji but were allowed to go to the Omuro Sengen Shrine at the Second Station. Hana also went on a pilgrimage as far as the Second Station while the Mount Fuji philosophy became relatively free of sexist beliefs. Fujikō was developed further with the growing popularity of the custom of worshiping the various Fuji mounds (Fujizuka) built in various parts of Edo. Fuji mounds were often made of Mt. Fuji lava brought back by Fuji believers. Particularly in places where Mount Fuji was visible, such mounds were built as a form of worship from a distance. These mounds were sometimes marked appropriately, rather like scale models, from the First to the Tenth Station.

Hana's teachings were passed on to Itō Sangyō (1747–1809), her disciple and adopted child, and Kotani Sanshi (1765–1841).

Sanshi enthusiastically took on Hana's ideas in questioning the value of superstitious practices such as the treatment of disease with water from Mount Fuji etc. He argued that humans could achieve perfection by working out everyday practice of moral behavior suitable to the individual. This was taught as a unique, somewhat individualist, indeed

revolutionary, form of religious belief, befitting the usage of Chinese characters for Fuji (不二), which suggests that there are no two identical ways of thinking or acting. Sanshi's teachings spread far and wide, even as far as Kyūshū. Even after the Meiji Restoration, the Fujikō cult survived in the form of two main groups with Shintō and Buddhist leanings respectively.

This is somewhat ironic in that the ruling bakufu of the Edo period, doing its best to skillfully control religion, came down increasingly heavily on Fujikō. Regarding the Buddhist religion, each denomination was ranked hierarchically and indirectly controlled according to what was known as the honmatsu system. Christianity, of course, was strictly banned. However, the peasants would be affiliated with some temple or other, allowing the government to exert control. Thus, the bakufu and the temples worked in a cozy way to control matters to best suit themselves.

However, the Fujikō proved difficult to bring within this framework of Shōgunate control over religion. Therefore, bans on Fujikō practices were frequent during the first half of the Edo period. Even so, there was at least one incident of a Fujikō faithful honestly appealing to the Shōgunate and claiming that the Fujikō writings of Jikigyō were sound, that it was a good religion and should be recognized. The applicant in this case, Shōshichi, subsequently began a fast in a hitoana, leading to an investigation by the authorities.

As a result of these activities, Fujikō was thoroughly investigated over a period of two years and subsequently, in 1849, banned outright by the powers that be. Sanshi's individualist principles were obviously rejected outright, meaning that the organization was pushed completely underground.

Of course, this makes perfect sense against the background of the general growth of the belief system such that there were "808 Fujikō groups and 80, 000 followers" with a nationwide dissemination as far as Kyūshū. It is clear that the Shōgunate was deeply concerned about what they must have seen as a radical group. At this time, information about the Opium Wars in China was swirling around and foreign whaling ships were appearing here and there in waters near Japan. It would be no surprise if the Shōgunate was paranoid regarding the need to snuff out domestic disturbances, ideas, thoughts, or religions. Fujikō followers tended to gather in remote places that were difficult to police and developed dynamic ideas that suited the individual. The authorities decided it was a good idea to ban Fujikō as a precautionary measure. In other words, it seems that the same spirit of fear that extended to the new foreign religion, Christianity, also applied to the truly

domestic product, Fujikō. However, even though it became difficult to say the name Fujikō in public, its power to influence via groups gathering along the Fuji road or on the sacred mountain itself, inevitably grew. In spite of the bans, the religion grew in power.

3 Fujikō in Modern Times

The world was changing. Perry visited Japan in 1853. The following year, the Japan-US Peace Treaty was signed. In 1858, the Ansei Five-country Treaties were signed. Like it or not, the Shōgunate was forced to associate with foreign countries. The British minister Alcock, who came to Japan, was the first foreigner to climb Mt. Fuji, in 1860. That could have caused people to doubt the sacred nature of Mt. Fuji. Even so, in the early Meiji period, groups of enthusiastic Fujikō followers were still heading to Mt. Fuji, one such event being recorded by a Dutchman named Lind.

"Many pilgrimages are conducted between July and September. All Japanese people have a dream to climb Mount Fuji one day, with bells around their neck or around their waist. Everywhere you go, you run into groups of pilgrims ringing bells. Even in Tokyo."

This gives us a snapshot of Tokyo in 1874. It is clear that Fujikō was by no means in retreat in the early Meiji era. By the way, Lind came to Japan in 1872 in order to work on flood control on some of the Japanese rivers. He returned home in 1875. Although he was only in Japan for three years, he was able to send a great deal of information home by letter to his father, who was also knowledgeable about Japan. He praised the natural beauty of Japan in terms of "wonderful, picture postcard landscapes" and describes Mount Fuji as "a sacred mountain, a beautiful, conical, dead volcano." He also said that "there are few houses in which you do not see representations of Mount Fuji in paintings, hangings, or sliding doors" suggesting the strong attachment of Japanese people to the mountain. He goes on to describe the view of Mount Fuji from a distance.

"The mountain is covered with snow here, the middle of the mountain is shrouded in clouds, yet the weather is completely clear. I would have climbed it if only there were someone to accompany me."

Indeed, people who looked at the mountain from a distance probably wanted to climb it. In Shizuoka in 1882, it was all the rage to have pen and ink drawings done by retired general Tokugawa Yoshinobu of "Mount Fuji Bathed in the Light of the Rising Sun." One must presume that, for the people of Shizuoka, the added value of having the drawing done by Yoshinobu was as important as the image of their beloved Mount Fuji.

In any case, young Mr. Lind did an excellent job of describing Mount Fuji, a mountain that has been attracting both Japanese and foreigners from the Meiji period to today.

However, in spite of the persistence of Fuji enthusiasm, religious fervor was dealt a blow by technology. From the middle of the Meiji period, the opening of the Chūō Line meant that the journey to the northern foot of Mount Fuji could be carried out in one day. It also meant that the number of Fujikō devotees staying in the Oshi houses of Kamiyoshida dropped dramatically. In 1902, Oshi affiliates and workers at the main Sengen Shrine petitioned the Ministry of Railways for a discounted fare betweeen Hachiōji and Torisawa Stations from July 20th to August 29th.

A study on tourist activity in Japan published the previous year, in 1901, made specific reference to trips conducted to Mount Fuji and the surrounding area. The views in relation to sunrise are given particular prominence.

"The sky brightens from the east and the clouds are lying on the water. After a while, we can pay tribute to the light. As the sun emerges from the horizon, at first it seems to extend over an area of several miles and then its full scale becomes apparent."

It is interesting that the language used is somewhat reserved in tone and not particularly suited to a guide book for tourists. The text is intended to be an instructional book suitable to be used in conjunction with school excursions. It guides students with regard to geography, history, composition writing, and science. Schools were by now including the climbing of Mount Fuji in their standard excursion itineraries. This was all because the railways had made the mountain more accessible.

Conclusion

A trip that had previously taken Fujikō acolytes three and a half days, from Edo to the foot of Mount Fuji, was greatly shortened in modern times, affording climbers a great deal of free time. Soon, pleasure boats could be seen on the Five Lakes of Fuji as the tourist industry developed. Just as the journey became easier, it seems that the sacred nature of the pilgrimage was diluted. Therefore, one might see Mount Fuji's registration as a World Heritage site, a significant object of faith and artistic inspiration rather than just a tourist spot, as a breakthrough of sorts. It has become important to renew one's understanding of Fuji as a sacred mountain in the context of the activities of the Fujikō pilgrims and their epic journeys on the road to Fuji. One hopes that this paper will serve as a contribution to the study of Mount Fuji.

A Walking Tour in Tsuru around the Bashō Monuments: From Tahara Waterfalls to a Hill from which Mount Fuji May Be Viewed

Kato Koji

Introduction

In 2016, Professor Katō Kōji took charge of the "Japanese Cultural History" class conducted in the Tsuru University Department of Japanese Literature. While the course is usually conducted in the form of short- to medium length- visits to historic sites in Kyoto and Nara, in that particular year the course was conducted in the direct locality of Tsuru, Fujiyoshida, and Kawaguchiko and, with the help of the students, trips were organized lasting half a day or a full day around these areas.

All of the participating students were from outside Yamanashi Prefecture, living in Tsuru. They were all familiar with tourist spots such as Fujikyu Highland but had virtually no knowledge of sites related to Tsuru or Mount Fuji and were often surprised to learn about the area's literary history.

While the walking tour from Tahara Waterfalls towards Tsuru City Station must have been illuminating for students, we believe it will also offer a wonderfully fascinating insight into the area's culture and history for foreign tourists. This is particularly true given the large number of foreign tourists coming to the area these days. Therefore, a somewhat modified English version of Professor Katō's excellent article is offered here.

The first trip planned for Professor Katō's course was a half-day tour around the Bashō monuments, presented here with one or two options added.

1　Tsuru and Bashō

In the second year of Tenna (1682), at the age of 39, Matsuo Bashō, who was later to become sacred to Japan as its greatest *haiku* genius, lost his house in Fukagawa, Edo (present-day Tokyo), in one of the frequent great fires of that period. One of his students, who lived in this area and wrote under the *haiku* pseudonym "Biji," was a prominent figure in the ruling Akimoto family's organization. Biji invited the master Bashō to stay on his

property in the old Yamura domain (part of present-day Tsuru, with which you will soon be familiar). Bashō actually remained there for five months. Two years later, in the first year of Jōkyō (1684), Bashō once again visited Biji in Yamura, on his way home from the epic journey that formed the basis for his *haiku* masterpiece we know as "The Narrow Road to the Deep North." These historical facts go some way to explaining the importance of the great poet to the people of this area and the presence of Bashō-related artifacts in the vicinity.

Various lines of Bashō's *haiku*, including those he exchanged with Biji, can be seen engraved on a number of monuments in the Tsuru area, particularly around Yamura. Here we offer a gentle downhill guide to those monuments that can be comfortably followed without too much exertion, either physical or mental. The tour involves a short train journey but may be accomplished entirely on foot with a little extra effort.

2 From *Tōka Ichiba Eki* (literally "Tenth Day Market Station") to Tsuru University

First of all, get off the Fujikyu Express train and exit Tōka Ichiba Station down National Road, Route 139. You will be following this road for pretty much the whole of this tour so bear it in mind. It will cross the Katsura River after a leisurely downhill stroll of less than five minutes. However, just before that, turn right onto the small bridge across the river. From the bridge, look back upstream and you will see Tahara Falls laid out before you. Across the bridge on the left you will see a small shrine called Tahara Shrine. In front of that, there is a monument and a rather charming bronze statue of a seated Matsuo Bashō. You can say hello to him.

The script on the monument reads:

勢《きほ》ひあり氷消えては瀧《たき》津《つ》魚《うを》　　芭蕉

the force of the fall
exodus of ice pillars
fish are now climbing
Bashō

(Interpretation: waterfalls have mysterious power. When spring comes, the ice disappears and now the fish are climbing the falls.)

The monument was erected in the twenty sixth year of Showa (1951). An attempt has been made here and elsewhere to capture the spirit of the *haiku* in the English language. The reader must decide how successful this attempt has been! A more straightforward attempt at interpretation has also been offered. The reader is encouraged to come up with much better *haiku* formulations (essentially three lines consisting of five syllables, seven syllables, and five syllables) than the clumsy efforts offered here.

Go back on to Route 139, keep walking down the hill, and turn right at the Tsuru University Entrance crossroads (a large T-intersection with traffic lights) and walk towards the university. You are now on the Tsuru Bypass. Go across the railway line, walk 150 meters or so, and turn right again at the next intersection in front of Tsuru University (this also has traffic lights) and go up the hill. You will see red-brick buildings belonging to the university on your right. Instead of entering the university, go a little further up the road to the left going towards Uguisu Hall. Very shortly you will come to the entrance to Rakuyama Park, which is signposted in Japanese and English. Walk up the path to the left and take the second little path, (with rough steps) lined by bushes, to the right. You will shortly emerge to an area of open ground and you will see a rather splendid black granite monument, although it is a little difficult to locate, as it is somewhat shrouded by trees.

馬ぼくぼく吾《われ》を繪《ゑ》に見る夏野かな
the horses clip clop
we picture how we must look
in this summer field

(The horse moves along slowly. In our mind's eye one sees oneself on top of a horse in a field in summer.)

It will be seen later that this image remained with the poet, who made numerous efforts at reworking the lines, over some considerable period of time.

After contemplating these lines, if you start to feel the need for refreshment, go back down the way you came and grab a drink at the coffee shop *Bancham*, opposite the entrance to the university car park. Keep going down the hill and you should be able to find your way back to the intersection in front of the university.

If you go straight ahead at the traffic lights, you will be on the road to Tsuru University Station. If it is time for lunch, you might prefer to turn right at the intersection, walk fifty

meters or so down the Tsuru bypass road and try some genuine *Yoshida Udon* noodles at the renowned *Ishii* udon restaurant. You will find this among a cluster of drinking establishments frequented by the local students. You may be tempted to drop by for evening refreshments later. By the way, *Bancham* and *Ishii* are both closed on Sundays.

In any case, when you are ready, head towards Tsuru University Station, or *Tsurubunkadaigakumaeeki* (which, in spite of being one of the longest words in the world, simply means the station in front of Tsuru University!), get on a train going towards Ōtsuki station and get off at Yamuramachieki (Yamura Station). Alternatively, you can go back on to Route 139 and walk to Yamura Station in about twenty minutes as it is only one stop away. Just be warned that the roads are not particularly pedestrian-friendly at this point, being extremely narrow yet used by heavy vehicles. However, do not be put off because we will be finding some rather lovely walking routes later.

3 From Yamura Station to Tsuru Station

Exit Yamura Station and stand with the station right behind you. A small children's park Jōnan Kōen (Jōnan Park) lies immediately in front of you, behind some buildings and between two narrow roads. Take the one running directly away from the station on the right side and you will immediately (after about thirty seconds) find this park on your left. In the park, the following lines can be found inscribed on a monument:

行く駒《こま》の麦に慰むやどりかな
the horse has a break
the comfort of eating wheat
inn experience
(The horse takes a break eating wheat at the inn today. I do the same and feel gratitude.)

An explanation of the origin of the *haiku* is also provided on a signboard. It is speculated that these lines were written on the occasion of meeting up with Biji once again.

On the other side of the road opposite Jōnan Park, you will find the Tsuru Museum, where you can get a sense of Tsuru's history for an entrance fee of two hundred yen. Sketches attributed to the great artist Katsushika Hokusai are on permanent display.

If you come out of the museum and walk a little further away from the station you will very soon find yourself on Route 139 again, which you will remember as the road you

started on after coming out of Tōka Ichiba Station. Take some time to get your bearings. You are standing about 80 meters away from Yamura Station. Route 139 is also known as Fujimichi or the Fuji Road. As mentioned earlier, although it is extremely narrow with little space for pedestrians, it remains a National Road with considerable traffic so please be very careful.

We are going to find a much nicer parallel path to walk along but, if you wish, turn left on to Route 139 and walk a little, around one hundred meters. You will find the Hassaku Festival Exhibition Hall on your left and the Tsuru Merchant Museum on your right. Three stalls that appear around the town during the Hassaku Festival held every year on September 1st are on display. If you are lucky enough to find the Merchant Museum open, the staff will kindly tell you about the history of textiles in the area. Both of these places are free of charge.

Instead of, or in addition to, visiting the Merchant Museum, you may prefer to backtrack to the place where you just got on to the Fuji Road from Yamura Station, turn left again but this time take the immediate right, after 30 to 40 meters. You will now find yourself on an extremely pleasant and atmospheric little path running parallel to the Fuji Road. Turn left on to this path and walk a little way with the mountains on your right. Very soon, you will come to Chōanji, or the Chōan Temple. The Merchant Museum is now about one hundred meters ahead of you to the left. The main hall of the Chōan temple, built in the tenth year of Kyōhō (1725), is rather fine. There may even be lucky enough to find some rather wonderful flowers on display on the day of your visit.

After wandering around a little, and soaking up the atmosphere, walk a little further along the road in front of Chōan Temple, with the mountains on your right of course, and you will see the Tsuru Community Development Center Building in front of them on your right. This is situated within the municipal library. As you turn right towards the Center, you will come to a little lane on your left that will take you to the vicinity of the Tsuru City Furusato Kaikan (hometown hall). You will also see a number of two-tone green-colored signs in Japanese that read 芭 蕉 翁 寓 居 桃 林 軒 which translates roughly as Bashō's residence in the peach forest. You will not be surprised to learn that these two-toned green signs will point you to another Bashō monument. This is actually the area that the poet is believed to have stayed on Biji's property. The charming one-storey structure that you will find there is a recent reconstruction of this. There are actually two monuments in these gardens. First:

夏馬《かば》の遅行《ちかう》我を繪に看る心哉　　芭蕉

horses of summer
slowly making some progress
is how I see us
Bashō

(This is, of course, a reworking of the earlier verses at Rakuyama Park.)

The answer of the disciple Biji, who seems to feel he is failing in his responsibility as a host, is thus:

変《かはり》手《で》ぬるゝ瀧凋《しぼ》ム瀧　　麋塒

we each take our turn
the falls recede tepidly
and cannot cool us
Biji

(On this hot summer day, the level of the waterfall is dropping and is not cool enough.)

Behind this, we see Bashō's response:

深川の松も泣くらむ雪の梅

fukagawa's pines
are also weeping for me
like the plums in snow

(Back in Bashō's home, Fukagawa, the poet is being missed by his disciples and others.)

Nearby, you will find the Pure Fuji building. To the left of the main entrance, you will see another splendid monument with the following inscription:

山賤《やまがつ》のおとがい閉《とづ》るむぐらかな

even mountain men
keep their mouths closed to greetings
like the sullen weeds

(Even in the mountains where you are unlikely to meet many people, habitual workers are

not quick to greet strangers.)

Go a little further along the mountain road and you will see Entsūin Temple on your right. The temple is famous for the Edo period stone bridge restored on its garden's pond. Behind this pond, in front of the bell tower with its also famous temple bell, there is a small box-like structure with a roof, bearing the name 芭蕉堂, Bashō Dō, literally "Bashō Shrine." If you peer inside the latticed door, you will see a small engraved monument. On it, you will read:

旅人と我《わが》名よばれん初時雨《しぐれ》
call me Traveler
I want a suitable name
now the first rain comes

If you keep going along this mountain road, you will come to a dead end. Go sharp left, walk on a little, and you will see Tōzenji Temple immediately on your right. This temple belongs to the Nichiren sect and was built with the purpose of offering prayers for peasants who died in the uprisings that took place towards the end of the Edo period. Fascinating though that may be, after entering the gate, head directly to the monument nestled in trees on the left.

松風の落葉か水の音涼し
wind in the pine trees
perhaps the falling leaves or
cooling water sounds
Bashō
(It is not clear what is having a cooling effect. It may be the leaves falling from the pine trees. It may be the sound of water.)

人は寝て心ぞ夜は秋の昏《くれ》
people fall asleep
but Autumn nights stir my heart
I will not drop off

Biji
(Other people may sleep but I intend to stay awake and fully experience the Autumn evening.)

You will notice the gravestones on the hill slope at the back of this temple. Climbing these into the mountain and looking straight back up the Fuji Road, the red brick buildings of Tsuru University become visible. If the weather is good, you are likely to see Mount Fuji peeping over the hills that stand between it and the university. In fact, you do not really have to make this effort because you can see Mount Fuji from the slope as you look back after passing by Entsūin Temple.

Actually, it is not always easy to see Mount Fuji from the Tsuru area because the Tsuru hills get in the way. At this proximity to Mount Fuji, you often have to move away from it in order to see it, which may be fun. In fact, Bashō claimed in some of his most famous lines, that it is sometimes interesting *not* to be able to see Mount Fuji:

霧しぐれ富士をみぬ日ぞ面白き
hidden in the mist
invisible Fuji days
are really quite fun

In any case, our tour ends here with this partial vision of the sacred mountain. A short walk back up Fuji Road will take you to the Naraya home-made sweets shop (right on the corner where you made your sharp left a little earlier) for some chou-cream, or the Sugaya confectionary shop (a little further back up the road) for Karintō steamed buns, perhaps. Alternatively, you can keep walking north from Tōzenji Temple and you will be at Tsuru City Station on the Fujikyūkō line in about five minutes.

Entertainment District in Gekkoji "Shinsekai Kanpai Street": Passion for Redevelopment

Akahane Misaki

The Nishiura Area, which is located to the east of Fujikyu Railway Gekkoji Station, is famous for its nostalgic Showa-era atmosphere. "Shinsekai Kanpai Street", a tiny alley about 50 meters in length, can be found tucked away in one corner of the area and is especially crowded at night as many locals and tourists from overseas visit this place to eat and drink. This column will explain how the once deserted "Shinsekai Street" has regained its liveliness and has been reborn as "Shinsekai Kanpai Street".

The Nishiura Area in Shimoyoshida, Fujiyoshida City was once famous for its weaving industry and flourished as an entertainment district. In the 70s, more than 20 bars were crammed in "Shinsekai Street" and people who had finished their work would get together to enjoy drinking. One elderly woman says that "Shinsekai Street" was so wonderful it was like experiencing a dream. It was fun for her to go to cocktail bars and dance halls. However, as the weaving industry declined, fewer and fewer people visited Nishiura. Accordingly, the number of restaurants decreased and the town became deserted.

In 2015, a redevelopment project started to make the street bustling again. First of all, they needed to get rid of the large amounts of garbage that had been left in vacant houses. They did it as an event and named it "Year-end cleaning Convention". On the day of the event, local people, including high school students got together. After cleaning for one day, enough garbage was collected to fill nine trucks. When cleaning, one person said "I feel like having a drink here, right now, even though the redevelopment has yet to be completed." In order not to waste the enthusiasm, they decided to hold an event called "Shinsekai Street Revival Festival". Many shops, such as those selling skewered meat and local sake, opened in "one day only village". Next, in order to create a system for opening shops, they set up a project team, whose job is to decide a business plan and renovate the local houses, preserving the atmosphere and attractiveness of earlier times. They established "Shinsekai Street Limited Liability Company", transferring its business from "Fujiyoshida's Piggy Bank Organization". They added Kanpai (equivalent to "Cheers", as everyone knows) to the name of "Shinsekai Street" so it is now "Shinsekai Kanpai Street". On February 23rd of

2016, three pioneer shops opened. At present, a total of seven shops such as ramen pub and yakitori pub are in business.

According to Jun Kobayashi and Rei Watanabe, who were engaged in the redevelopment of "Shinsekai Street", "the street was once exciting and lively. In fact, it was so crowded that people were crammed together, shoulder to shoulder!" However, the street was soon to become a kind of ghost street. The weaving industry began to decline, the economy grew worse after the bubble burst, and the effort to build "Shinsekai Kanpai Street" collapsed because owners grew old and retired. In order to make the street active again, the redevelopment project was begun. Aiming to promote "Shinsekai Kanpai Street" and attract a lot of customers when the street opened, they strategically involved people in the redevelopment process.

Jun Kobayashi says, "I hope not only "Shinsekai Kanpai Street" but also the whole Nishiura area will be places where the local people and tourists can get together for a drink." Although the number of tourists visiting "Shinsekai Kanpai Street" has increased, the number of tourists has decreased in Nishiura as a whole. To attract more tourists, a Night Market and music event were held. Moreover, to attract more tourists from overseas, they put together a multilingual menu. Also, as an experiment, they introduced a bus service from the Kawaguchiko area. The large number of tourists sightseeing in that lake area were able to visit Nishiura at night to eat dinner. Also restaurants which are ready to accept guests from overseas put up a lantern, a signboard or a sticker on their entrance so that customers could notice it easily and go in. I hope "Shinsekai Kanpai Street" will continue to flourish and that the successful development of the street will be a good example of regional development. As a student at the local university, I wish "Shinsekai Kanpai Street" all possible good luck.

Western Representations of Mount Fuji in the Nineteenth Century

Laurence Williams

Prior to the "opening" of Japan to American trade in the mid-1850s, virtually no descriptions or representations of Mount Fuji existed in the West, and only a handful of travellers had ever seen the mountain first-hand. Distant glimpses of the mountain would have been had by Dutch merchants in the seventeenth and eighteenth centuries, during their regular journeys to the court of the shogun in Edo, and possibly by Captain James Cook, who passes by the coast of Japan on his third voyage in 1779, and describes "a mountain of extraordinary height, with a round summit, rising far inland".[1)]

Fuji's "discovery" by Europeans and Americans occurs mainly from the 1860s, as part of the explosion of international interest in Japan that followed the Perry mission. The mountain is (literally) well-positioned to become an international symbol of Japan for foreigners, as it is visible from Yokohama, the main port established for Western trade with Japan, and can also be seen from up to fifty miles at sea, making it the first sight seen from approaching steamers. Even Westerners who never travelled far beyond the treaty port found it easy to see Fuji (given the scarcity of tall buildings in Japanese cities at the time), and it is described by long-term residents such as Mary Crawford Fraser as a constant presence on the skyline, encountered daily during life in Japan.

By the late Victorian period, it can seem as if no Western description of Japan is complete without some first-hand description of "Fuji-yama", typically including rhapsodic praise of its smoothness, symmetrical form, and solitary location. The isolation of the mountain was particularly striking for Western travellers, who were used to encountering mountains in ranges, such as the Alps or the Rockies. Isabella Bird's *Unbeaten Tracks in Japan* (1880) opens with a "wonderful vision" of Fuji, seen from the deck of her steamer as she approaches Yokohama: "a huge, truncated cone of pure snow, 13,080 feet above the sea, from which it sweeps upwards in a glorious curve, very wan, against a very pale blue sky".[2)] An account of *Japan: Its History, Traditions, and Religions* (also published in 1880), by the British MP Sir Edward Reed, includes an image of Fuji on the book's cover, and claims that "if one's memories of Japan were destined to fade one by one, I believe the very last to

disappear would be that of Fuji-san".[3)]

This enthusiastic response of Victorian travellers to Fuji was, to a large extent, shaped long before they arrived in Japan, through prior familiarity with representations of the mountain (both in authentic exported Japanese art, and in *japonism* imitations). Already, by 1870, Arthur Carlisle could write—from the vantage point of Westerners, with only slight exaggeration—that Fuji "appears painted on almost every Japanese vase, drawn in almost every Japanese picture".[4)] Images of the mountain inspired many who had never even set foot in Japan. Lafcadio Hearn, later famous as an interpreter of Japan to the West, first encounters Japanese culture at the 1884 World's Fair in New Orleans, where he sees "figures, landscapes, and especially views of Fusiyama [*sic*], the matchless mountain, whose crater edges are shaped like the eight petals of the Sacred Lotos; Fusiyama, of which the great artist Houkousai [*sic*] alone drew one hundred different views".[5)] When Hearn eventually arrives in Japan, six years later, these early impressions shape his expectations. As he writes in an essay titled "My First Day in the Orient", the citizens of Yokohama resemble "Hokusai's own figures walking about in straw rain-coats",[6)] while towering above everything is a "dreamy cone ... the ghost of a peak, between the luminous land and the luminous heaven, —the sacred and matchless mountain, Fujiyama."[7)]

When Victorian travellers describe Fuji, therefore, they are not merely reacting to the mountain itself, but also responding to Japanese ways of appreciating the mountain. Most travellers recognize that Fuji is a "sacred" mountain, although their understanding of its Shinto and Buddhist significance is usually vague. Ellen Walworth encapsulates the somewhat dismissive attitude of Victorians towards Japanese religion when she writes in 1877 that "Can you wonder the Japanese call it 'Sacred Mountain', and worship it? I am sure I would too, if I had nothing better to adore than their old, sleepy-looking gods and dancing demons."[8)]

As Hearn's references to the Edo-period artist Katsushika Hokusai (1760–1849) suggest, Japanese woodblock prints of Fuji become an important point of reference for Westerners. Images from Hokusai's *One Hundred Views of Mount Fuji* (*Fugaku hyakkei*, 1834), are reproduced in the West as early as 1860, in Laurence Oliphant's account of the British mission to Japan, and the entire book was translated into English in 1880 by Frederick Victor Dickins. By the early twentieth century, Hokusai's "Under a wave off Kanagawa" (神奈川沖浪裏), from *Thirty-Six Views of Mount Fuji* (*Fugaku Sanjūrokkei*, 1830–32), had become the single most famous piece of Japanese art in the West,

influencing Claude Debussy, Vincent Van Gogh, and others.

This wide circulation of *ukiyo-e* images inevitably shapes the ways in which Westerners represent Fuji. Writers and painters often experiment, in the manner of Hokusai or Hiroshige, with unusual uses of perspective, collapsing the middle ground and bringing Fuji into dialogue with objects in the foreground. They often also describe the mountain in flat colour planes, reminiscent of the Japanese woodblock: either in bright and highly saturated colours, or as a ghostly presence, dissolving into the landscape. The influence of Japanese art can be found even in more supposedly scientific accounts. The image of Fuji that Bird includes at the beginning of *Unbeaten Tracks*, although supposedly drawn from her own observations (Fig.1 on page095), looks similar to the composition of Hokusai's "Umezawa in Sagami Province" (相州梅沢左), and distorts the vertical curve of the mountain in a manner reminiscent of Hokusai.

Although Westerners typically encountered Fuji at a distance, some more adventurous travellers attempted to climb the mountain, with the assistance of local guides. The first of these seems to have been the British diplomat Rutherford Alcock, in 1860, who climbs (over strenuous objections from Japanese officials) in early September, outside the usual climbing season (Fig.2 on page095). In an act of Victorian imperialism, Alcock celebrates reaching the summit by raising the Union Jack, firing his revolver, and singing "God Save the Queen".[9)] Other climbers include Hearn, who describes his attempted Buddhist "pilgrimage" in the first essay of *Exotics and Retrospectives* (1898), and Edmund Gregory Holtham in 1878, who sounds a note of disappointment common among those encountering Fuji's barren summit: "There was no view to be had, and there is nothing interesting in a degraded crater that has been quiescent for over two hundred years".[10)] Most Westerners climb from the southern side of the mountain (particularly the more difficult Gotemba trail), which was easier to access from the treaty ports: Holtham is unusual in climbing the Yoshida trail from Yamanashi prefecture, which he had been told was easier by a friend.[11)]

In an age in which female mountaineering was beginning to take off in the West, through the efforts of individuals such as Lucy Walker and Lily Bristow, a number of pioneering women travellers also made the ascent. The first Western women to climb was probably Fanny Parkes, who accompanied her diplomat husband, Sir Harry Parkes, on an ascent in 1867: the timing is significant, as Fuji had first been opened to women climbers by the government just seven years previously.[12)] Later women climbers included

Constance Gordon-Cumming in 1878, whose essay "Ascent of Fujiyama" was first published in *Harper's Magazine* in 1880,[13)] and Eliza Scidmore in 1885, whose account appeared in *Jinrikisha Days in Japan* (1891).

1) James Cook and James King, *A Voyage to the Pacific Ocean* (London, 1793), volume 4, p.199.
2) Isabella Bird, *Unbeaten Tracks in Japan* (London: John Murray, 1880), volume 1, p.13.
3) Edward J. Reed, *Japan: Its History, Traditions, and Religions* (London: John Murray, 1880), volume 2, p.1.
4) Arthur Drummond Carlisle, *Round the World in 1870* (London: Henry S. King & Co., 1872), p.224.
5) Quoted in Christopher Benfey, *The Great Wave: Gilded Age Misfits, Japanese Eccentrics, and The Opening of Old Japan* (New York: Random House, 2004), p.214.
6) Lafcadio Hearn, "My First Day in the Orient", in *Glimpses of Unfamiliar Japan* (Boston and New York: Houghton, Mifflin and Company, 1895), pp.1–28, p.10.
7) Hearn, "My First Day in the Orient", p.13.
8) Ellen Walworth, *An Old World, As Seen Through Young Eyes* (New York: D. & J. Sadlier & Company, 1877), p.283.
9) Hugh Cortazzi, *Britain and Japan: Biographical Portraits*, volume 4 (Oxford, UK: Routledge, 2002), p.402.
10) Edmund Gregory Holtham, *Eight Years in Japan* (London: Kegan Paul, Trench & Co., 1883), p.229.
11) Holtham, *Eight Years in Japan*, p.228.
12) Fumiko Miyazaki, "Female Pilgrims and Mt. Fuji: Changing Perspectives on the Exclusion of Women", *Monumenta Nipponica* 60.3 (Autumn 2005), pp.339–391, p.340.
13) Constance Frederica Cumming, "The Ascent of Fujiyama", *Harper's New Monthly Magazine*, LXI (October 1880), pp.649–654.

What is Mount Fuji?: World Heritage Status and Environmental Conservation

Watanabe Toyohiro

1 The Meaning of Mount Fuji's Registration as a "World Cultural Heritage" Site

Mt. Fuji was registered as a World Cultural Heritage site at the 37th UNESCO World Heritage Committee meeting held on June 22, 2013 in Phnom Penh, Cambodia. It can be said that what had been a "Japanese treasure" has now been internationally recognized as a "world treasure". Many Japanese possess a spirit of longing and awe toward the mountain and this recognizes the exquisite Mt. Fuji as a global treasure with exceptional universal value. What constitutes a world heritage was defined by the World Heritage Convention and adopted at the 17th UNESCO General Assembly in 1972. As of December 2018, there are 1092 world heritage sites (845 cultural heritage sites, 209 natural heritage sites, 38 with dual status), and 193 countries have signed agreements to uphold these judgments. Currently, there are 23 World Heritage Sites in Japan (19 cultural heritage sites and 4 natural heritage sites). Mount Fuji was the 17th of these to be registered.

To quote the official terms used in the registration, Mount Fuji is "an object of faith and source of artistic inspiration." The three criteria for evaluation of the mountain's significance -- religious faith, art, and natural beauty -- are entered in accordance with those established by UNESCO. The most important standard of evaluation relates to Mt. Fuji as "Mountain of Faith" and as a "Sacred Mountain".

The origin of Mount Fuji's history as an object of faith dates back at least two thousand years and began with belief in a great god, generally referred to as Asama, believed to reside at the bottom of the volcanic crater, and possessing the ability to calm the repeated eruptions that were being experienced. Mount Fuji at that time naturally became an object of worship as a turbulent, terrifying mountain that had the power to cause repeated natural disasters and famines.

Climbing the mountain as a form of worship has been carried out for around a thousand years and temples were erected on the summit during the late Heian period.

During the Muromachi period, ancient Japanese mountain religions fused with esoteric Buddhist philosophy to create ascetic forms of mountain-focused religious practices. During the Edo period, the Fujikō cult emerged as an organized and highly popular form of worship based around climbing activities carried out by adherents. Records suggest that as many as 20, 000 people would be climbing the mountain during peak times of the year.

Climbers stayed in the *Oshi* houses (pilgrim lodgings or guest houses) that can still be found in Fujiyoshida City, Yamanashi Prefecture. They wore white clothes while climbing under the religious guidance of more advanced teachers who acted as guides for mountain worship and mountain climbing. While engaged in ritual chanting, they proceeded on foot from the first station to the summit. One should be careful to note the extreme contrast between this and rather easy climbs usually carried out today after a car-ride to the fifth station. Today's experience of Mount Fuji as a "tourist mountain" is very different from the ancient climbing experience.

In any case, historic climbers spent a long way away from home covering huge distances. One cannot help but consider what the motivation for such action may have been. One must imagine that they were seeking their true selves as they experienced intense hardship, reevaluating their lives in the act of worshiping Mount Fuji. One might perhaps hope to find a new, stronger self as one was forced to confront incredible hardship and difficulty in the course of such intense spiritual training.

It seems that Japanese people think about attempting to climb Mount Fuji in line with the inheritance of a gene that predisposes them to worship of and faith in the mountain. The enormous power of Mount Fuji resides in the belief that it can endow energy through suffering.

It seems that there is a more than 70% likelihood that Mount Fuji will erupt at some time over the next 30 years. While it has not erupted for more than 300 years, since the great Hōei eruption in 1707, it had erupted roughly every 200 hundred years prior to that. With such a historic recognition of the danger inherent in a mountain of such savage power, it is hardly surprising that the Japanese people have a strong sense of respect for Mt. Fuji, its nature and culture. In line with this, we should be seeking a true comprehensive, academic understanding of the mountain.

In fact, the author conducts a course on the Study of Mount Fuji at Tsuru Bunka University, covering comprehensive and academic fields such as Culture, History, Art, Faith, Landscape, Natural Environment, Geology, Geography, Tourism, Economy, and

World Heritage. The goal is to provide the latest information and specialized knowledge explaining Mount Fuji's diverse appeal as well as the reality pertaining to the mountain.

However, most students are not aware of Mount Fuji's "light and shadow", making one doubt whether it can even really be considered a true symbol of Japan. It is difficult to believe that study relevant to Mount Fuji is properly established in school education and, as such, its relation to the source of Japanese mind and spirit is only weakly understood.

The registration of Mount Fuji as a World Cultural Heritage site has raised interest considerably and these days the mountain is overflowing with climbers. Naturally, problems such as garbage, human waste disposal, mountain climbing without proper preparation, mountain climbing accidents, and the erosion of mountain trails will get worse, and the mountain will be further worn down. When considering such embarrassing realities, one must wonder why the mountain was registered as a World Heritage site.

In relation to this registration, UNESCO actually set out certain tasks for completion in the form of a Comprehensive Conservation Management Plan related to a reconsideration of the overall vision regarding asset conservation, strategies for dealing with visitors, mountain path conservation techniques, the provision of information, crisis management plans, and development control. Is it necessary to make many radical adjustments in order to solve the various problems that arise, and one wonders whether these difficult issues can be addressed in an effective manner? If the various measures are inadequate, there is a serious risk that registration will eventually be canceled. Now is the time to build a new environmental conservation system that coalesces the wisdom of Japanese people so that nature and tourism can coexist together.

2 Mount Fuji as an Object of Faith and a Natural Treasure Trove

Historically, the Chinese characters for *Fujisan* have carried connotations of uniqueness and immortality. The mountain has long been considered the home of the Japanese spirit and the symbol of Japan. In particular, it is revered as the paramount sacred mountain and object of faith (consider the Fujikō worshippers and adherents of the Asama or Sengen faith). One may still consider it as a mountain of worship with many believers gathering from all over the country to climb.

In addition, it is home to many precious and diverse animals and plants. For example, it can be considered on a par with America's Yosemite National Park, which is also registered as a World Natural Heritage site, with respect to the varieties of indigenous

birds, mammals and plants. The biodiversity and environmental value of animals and plants inhabiting the rich natural environment of Mount Fuji is on a truly global scale, making it a "Mother Mountain" fostering the lives of animals and plants.

In addition, Mount Fuji experiences more than 3000 mm of rainfall per year, almost twice the average precipitation in Japan. The annual groundwater supply is 5. 4 million tons per day, and it provides drinking water not only for around 800, 000 people living in the Mount Fuji area but is also vital for an array of economic activities such as papermaking, textiles, precision machinery, beverage manufacturing, and so on. Indeed, we can think of Mount Fuji as a "mountain of blessings" and a "water mountain" possessing the power to support people's lives and livelihoods.

3 Diverse, Serious Problems Increasing around Mount Fuji

Currently, it is said that the number of tourists visiting Mount Fuji annually is around 30 million. 3 million visit the fifth station at Yamanashi and Shizuoka prefectures, and nearly 300, 000 visitors go as far as the summit. One can say, then, that it has truly become a tourist mountain. Climber concentration is highest during the two months from July to August and there are days when more than 10, 000 people are climbing. In this sense, then, it is not going too far to say that it has degenerated into a disordered and congested mountain.

This is most pronounced on the Fuji Subaru Line on the Yamanashi side, built after 1964 when the Tokyo Olympics were held, and the Fuji Skyline on the Shizuoka side, built five years later. This is partly due to the fact that people can just get in their cars and make the trip and partly due to the economic priority given to tourism promotion. Consideration of nature conservation and related requisite measures has been relatively weak. We can see this as a negative heritage or straightforward liability.

From the beginning of July to the end of August, many tourists and mountain climbers from Japan and overseas visit in their hordes, making the mountain look like the downtown area of Shinjuku or Omotesando. In this context, it is very difficult to think of it as a mountain or sacred place of faith, and one must agree that it lacks a sacred atmosphere at these times. Prioritizing business interests focused on developing tourist activities leads to imbalance. The related forms of overuses are a major cause of environmental degradation, and a wide variety of environmental problems that are common to other areas of Japan are particularly concentrated on the sacred mountain.

Specific problems include: ① Garbage thrown away by a large number of mountain climbers ② The flow of human waste discharged from about 40 mountain huts on Mt. Fuji ③ Increase of illegal dumping of industrial waste at the foot of Mt. Fuji ④ Loss of groundwater due to the increase in its use resulting from the pumping of water for industrial supply as well as for everyday use ⑤ Increase in the abandonment of forest related to inadequate management of private forests and national forests ⑥ Theft of precious plants by contractors and individuals from outside prefectures ⑦ The frequent occurrence of avalanches, receding permafrost, and changes in vegetation due to the effects of global warming ⑧ Disordered destruction of natural beauty related to the construction of high-rise buildings and steel towers ⑨ Development in the foothills, related to tourist and industrial accommodation. The problems stated here are intertwined in an extremely complex and multi-layered manner, very difficult to solve, leading to a kind of death by a thousand cuts.

Admittedly, in the midst of such severe environmental problems and damage, many environmental NPOs, mountain hut enterprises, governments, and related organizations have made efforts to resolve these problems. For example, with regard to the human waste problem, the "environmental biotoilet" was introduced in all of the approximately 40 mountain huts, and the prevalence of such waste decreased as a result. In addition, trash dropped by climbers has been reduced due to improvements in awareness and behavior among climbers and steady cleanup activities by environmental NPOs.

However, such phenomena represent only superficial responses. In reality, the number of tourists and climbers continues to increase due to high interest in Mount Fuji's World Cultural Heritage status and increased publicity. In recent years, the number of climbers has exceeded 300, 000 and, in particular, the number of visitors from East Asia, such as China and Taiwan, has increased. An increasing number of issues, such as human waste, garbage disposal, and climbing accidents, have become more serious.

4 Rescuing Mount Fuji through Citizen Partnerships, NPOs, Governments and Companies

In Mishima City, Shizuoka Prefecture, in the area of Mount Fuji's waterflow, the NPO "Groundwork Mishima" has succeeded in waterfront regeneration through the formation of various partnerships.

Under the coordination and mediation of the "Groundwork Mishima" project, with

the cooperation of citizens, NPOs, governments, and companies, work has been done to revive and revitalize the natural environment of "Mishima, the capital city of water", where environmental degradation had previously been advancing. We are working to solve specific problems through organic, integrated efforts. NPO-led advanced environmental regeneration has been realized, such as reclaiming the waterside of the Genbei River. This was previously contaminated due to garbage and the discharge of waste into the water. The previously moribund *Mishima Baikamo* has also been restored, with its historically and culturally important wells and related festival activities.

As a result of these initiatives, the various attractions of the "city of water" have increased, combined with the development of a highly hydrophilic walking path on the Genbei River. The number of tourists has increased four times to about 6. 2 million compared to 20 years ago. There are virtually no vacant stores in the central shopping district, and the number of tourists strolling around the city has increased. We have demonstrated that creating a symbiotic relationship between the environment and tourism induces an economic ripple effect and is linked to regional regeneration.

By contrast, state-led movements tend to be ad hoc and can be out of step with the feelings, personality, and continuing efforts of local residents. The NPO-led movement by Groundwork Mishima invites concrete actions with local characteristics and knowledge. In the future, in the Mount Fuji area, the Groundwork approach should be adopted in a World Natural Heritage / Dual Heritage Registration campaign. This will require a broad expansion of environmentally-friendly biotoilets, conservation activities for spring ponds, afforestation activities, eco tours, etc.

5 Is Mt. Fuji Fundamentally Suitable as a World Cultural Heritage Site?

It cannot be denied that Mt. Fuji was registered as a World Cultural Heritage site in June 2013 but various environmental problems persist, while concerns and doubts regarding the appropriateness of this registration still remain.

In fact, in 1994, a national movement working towards registration as a World Natural Heritage site was begun. However, this country has a history of abandoning its application for World Natural Heritage status to UNESCO. The reason for abandonment is said to be related to the problem of garbage and dripping urine. However, the fact is that there appears to be no prospect of a drastic and comprehensive solution to the various problems.

In other words, the hurdles for registration with UNESCO are really significantly higher than expected and it remains difficult to resolve interests and rights issues that arise between a variety of related organizations involved.

In addition, according to an investigation by UNESCO experts who visited in the event of Mount Fuji's World Cultural Heritage registration, the universal value of Mount Fuji cannot be viewed separately from the question of natural beauty as this latter is fundamental to cultural value. This strongly suggests that the value of Mount Fuji as a World Cultural Heritage site cannot really be separated from its value as a World Natural Heritage site. In this sense, value as a natural heritage site would seem to be inherent in any evaluation as a cultural site.

However, given the present situation, economic ripple effects on the promotion of tourism and regional economies, due to the fact that Mt. Fuji is registered as a World Cultural Heritage site, are emphasized and feverishly hoped for. Even today, Mt. Fuji is exposed to the harmful effects of overuse, while environmental problems and damage seem likely to increase. How can we hope to hand over the beautiful pride of Japan to the next generation? It is difficult to perceive comprehensive, long-term and specific ideas, policies or prescriptions. Rather, short-term profit remains the priority government and the tourist industry, leading to disorderly forms of development.

6 Proposals Based on the Study of Mount Fuji

What are the issues that must be solved, appropriate to Mount Fuji's status as a World Cultural Heritage site, and how should we proceed with these solutions? Let us consider suggestions for directions and prescriptions from the perspective of a comprehensive, practical, field study of Mount Fuji.

A Complex, Multi-layered Management System in a Culture of Irresponsibility

Currently, Mount Fuji comes under the ownership and management of an array of ministries and organizations. As for the specific form of ownership, the 8th station and above is actually part of the Fuji Asama Taisha Shrine. Agriculture, Forestry and Fisheries runs the state-owned forests of Shizuoka. The Onshi Forest in Yamanashi is under the auspices of the Prefecture. This patchwork is completed by an array of property zones and private forests.

Regarding its administrative structure, Mount Fuji is a special scenic spot which comes under control of the Ministry of Education, Culture, Sports, Science and Technology. Many areas designated for environmental conservation operate under the Ministry of the Environment. Furthermore, mountain trails are treated as prefectural roads, covered by the Ministry of Land, Infrastructure, Transport and Tourism. Conservation forests for recreation are administered by Agriculture, Forestry and Fisheries. The Higashifuji and Kitafuji Areas designated for self-defense maneuvers are multi-layered and linked to various government offices such as the Ministry of Defense. Clearly, this is a "chaotic" management system that would be unimaginable in a national park in the United States.

Formulation of a Comprehensive Preservation Management Plan

At present, Mt. Fuji has in place a comprehensive and long-term "comprehensive conservation management plan" that covers both Fuji prefectures. However, natural environment surveys, environmental conservation plans, land use plans, landscape conservation plans, and specific safety measures, which are the basic preconditions to such a conception, are not adequately developed.

Yosemite National Park in the United States and Tongariro National Park in New Zealand have a sustainable network and division of roles linking companies, governments, NPOs and citizens, with appropriate controls on development and use. By contrast, the future of Mount Fuji conservation looks vulnerable.

Establishment of the "Fujisan Foundation" for the Regeneration of Mount Fuji

One might ask the reader what kind of funds and taxes are likely to be invested in Shizuoka and Yamanashi prefectures over the course of a year to protect Mount Fuji? In reality, most of the money goes on spending and subsidies for Mount Fuji Day and other event-like projects commemorating the registration of the mountain as a World Cultural Heritage site.

Regarding safety measures and maintenance of three mountain trails in Shizuoka Prefecture and one in Yamanashi Prefecture, measures to improve emergency medical care and rescue systems, establishment of a visitor center that protects the safety of mountain climbers and provides information, development of rangers, placement and utilization of a Mount Fuji weather station as a high altitude science facility, and implementation of

academic and specialized natural environment surveys, there is almost no funding available.

Also, since there is no creation of a sustainable fund to protect and improve communications involving the mountain, many necessary measures remain undeveloped. Even for those who want to engage in some enterprise or other, there is no money available, so specific measures for solving the problem are unlikely to be fully adequate.

Establishment of a Fujisan Agency

At present, there is no administrative organization dedicated to Mount Fuji that can centrally manage Mount Fuji, deal with relevant information, and plan and execute a management system based on a long-term perspective and policy. As individual interests and approaches are prioritized, this has resulted in a vertically-divided administrative organization unable to carry out business operations and measures in a unified manner.

Therefore, in accordance with the registration of Mount Fuji as a World Cultural Heritage site, a Mount Fuji Agency is required. This needs to offer comprehensive coordination and sufficient organization to execute relevant business, with absolute authority transcending both prefectures and municipalities. With such a structure in place, new, efficient and integrated management organizations and operations can then be realized.

An Approach to Mount Fuji Regeneration where Environment and Tourism Have Coexisted

In the future, we cannot allow environmentally disruptive tourism that places an intolerable burden on the natural environment. In particular, subsequent to Mount Fuji's registration as a World Cultural Heritage site, we should not be allowed to over-prioritize the promotion of development and tourism.

In the Lake District of the UK, tourism-related promotion proceeds in harmony with nature, with 12 million tourists seeking the wild natural environment each year. The number of tourists is increasing even in the absence of advertising and direct promotion.

By contrast, if ever-increasing numbers of tourists are requested and priority is given to temporary profit and economic gain, it will not sit well with global values and the fundamental philosophy of tourism. In such a situation we cannot expect tourists to be impressed.

Regarding nature and the environment, an emphasis on landscape preservation must be the main focus of Mount Fuji regeneration. Changing the awareness of the tourist business is indispensable for the creation of a true World Cultural Heritage district.

The purpose of World Cultural Heritage registration is actually to help to control development. Thus, we believe it is a sign of sound preparation that we have agreed to place many new restrictions on current investors. As the cost of receiving a higher evaluation, an elevation from Japanese treasure to world treasure, requirements for a very severe safety net based on international evaluation standards must be imposed around Mount Fuji.

Sustainable Concrete Actions Needed to Protect and Improve Communications Regarding Mount Fuji

To date, there has been a movement to prepare administration-led structures that prioritize registration as a World Cultural Heritage site. However, it is most important to think about how to offer protection and communicate information about Mount Fuji 50 years and 100 years in the future.

To that end, many people from various fields, citizens, NPOs, governments, companies, and experts should gather to thoroughly discuss and examine the ideal approaches to support Mount Fuji. Consensus building and understanding among residents and stakeholders must be the first priority.

In the future, it will be necessary to switch from a government-led type organization to a citizen-led environmental conservation movement.

A major concern in the future, assuming the further overuse problem expected with the Tokyo Olympics, is the establishment of a Fujisan Agency for the purpose of implementing permanent environmental conservation measures and bringing about the centralization of management. There are many issues that must be addressed in the future, such as the establishment of an all-encompassing environmental conservation organization composed of tourism companies and local residents from both prefectures.

For Mount Fuji, then, registration as a World Cultural Heritage site is not a goal but merely a start. There is a need to develop long-term maintenance activities with a view to the future and it will be necessary to implement highly effective, concrete measures. In the future, images of severe environmental problems and related damage, such as the dumping of garbage, human waste and industrial waste, will inevitably be transmitted to the world

on video. In this sense, there is even a danger of embarrassingly downgrading our registration to "crisis heritage" or "shame heritage". Indeed, through our registration as a World Cultural Heritage site, the wisdom of the Japanese people to live in harmony with the environment is being thoroughly tested. While exploring a new direction for Mount Fuji regeneration that allows tourism to coexist with the environment, we must be aware of and be prepared to make every effort to implement specific roles and actions as citizens so that we can convey the excellence of Mount Fuji to the next generation in a reliable and sustainable manner.

Enjoying the Nature of Mount Fuji through the Seasons

Bekku Yukiko

Introduction

What is the natural attraction of Mount Fuji? Clearly, the answer to that question depends on the person, as will each individual's way of enjoying the nature of Mount Fuji. Here, we will offer a number of ways of enjoying the nature in the mountain domain, in particular with regard to the changing seasons. We will also offer a scientific perspective on the ecology of plants and the characteristics of Mount Fuji's ecosystem. Given the range of altitude, from the foot of the mountain at 1000 meters to the summit at 3776 meters, it is difficult to encompass the whole of the natural experience of Mount Fuji. Therefore, we will focus particularly on the seasonal changes on the mountain with respect to the attractive natural lifeforms below the Fifth Station.

1 The Natural Features of Mount Fuji

An important characteristic of the nature of Mount Fuji is that you may observe what one may refer to as "The primary succession of the ecosystem" before your eyes. One may understand this succession of the ecosystem in terms of organisms being lost from the soil due to the retreat of glaciers or volcanic activity and, over geological history, creatures invading the cleared land to form new stable ecosystems in previously uninhabited land (Fig. 1 on page152). There are volcanoes all over the volcanic archipelago which is Japan but many of these are of such geological age that the process of primary succession is difficult to discern. Some recent eruptions such as Sakurajima, Shinmoedake, Miyakejima and Nishinoshima do allow the observation of the very early stages of the primary succession. The problem is that access to these areas is often difficult and entry may be prohibited. By contrast, Mount Fuji is easily accessible from the center of Tokyo in about three hours by train or bus so observation of the primary succession is a relatively simple matter. The mountain that we know as Mount Fuji is a relatively new mountain dating back about 10,000 years, experiencing frequent small-scale eruptions. As a result, even at the same altitude, the vegetation varies depending on the stage of primary succession on the

result of volcanic activity during various periods. Therefore, we can say that Mount Fuji is a hugely valuable resource allowing various stages of primary succession to be observed in one place.

Another characteristic of Mount Fuji is that the effects of elevation on vegetative diversity can also be easily observed. In general, the temperature decreases by 0.6 ℃ for every 100 meters you go up. By a simple calculation, there is a difference of 16 ℃ between the base and the top. Hence, major factors influencing the vertical distribution of vegetation are (1) the difference in temperature due to altitude (which we may refer to as the difference in temperature environment) and (2) the variation in the temperature conditions suitable for plant growth is different between plant species (Fig. 2 on page153). Since Mt. Fuji is a single peak and has a steep slope, you can observe and experience the vertical distribution of vegetation in a single stretch while climbing from the foot of the mountain to the summit. This is another aspect to the enjoyment of nature that is unique to Mt. Fuji.

Also, the higher the altitude, the more severe the environmental conditions, meaning that the progress of the primary succession is slower and that its initial state tends to be maintained. Nevertheless, the succession does proceed little by little over the passage of decades, and the types of plants present there are gradually replaced. On Mount Fuji the distribution of plants is spreading upward due to the dispersal of seeds. At the Fifth Station you may truly observe the front line of plant encroachment (Photo 1 on page153). So we can say that the plants are climbing as well as people! However, unlike humans who can climb the mountain in a day or two, the seeds take decades to hundreds of years to complete the task by slow dispersal.

2 Mount Fuji in Spring (May to June)

Spring comes late to Mount Fuji. Even in April, when cherry blossoms are blooming at the foot of the mountain, the Fifth Station is a world of white. Spring takes about one month before it takes its turn laboriously climbing from the foot of the mountain to the fifth station. To put it another way, there is still snow at the Fifth Station in May so, if you want to enjoy the snow, you can just go up by bus or in your own car. If you climb from the foot of the mountain, you will need to wear crampons. In June, the snow melts and flowers begin to bloom at the Fifth Station.

In May, at the foot of the mountain, cherry trees that actually bear the mountain's

name (*Fujizakura*) can be seen here and there. The official Japanese name is *mamezakura* (litarally "bean cherry") but the tree has been given a separate nomenclature due to its distribution around Hakone and the Mount Fuji area. As the name *mamezakura* suggests, it is characterized by small flowers and leaves. The leaves in particular are the smallest of the indigenous cherry trees. The trees themselves are on the small side, with a height of about three meters. These tiny flowers that bloom downwards as if peering down at you are rather beautiful (Photo 2 on page156). There are many azaleas along the road near the Subaru Line entrance. In May, the gorgeous pink flowers make you feel that spring is really coming to the still-bare forest.

Spring will eventually truly come to the fifth station in June. At this time, the flowers that are blooming there are *maizurusou*, *fujihatazao*, and *miyamahannoki*. On the path near the Ochudo Trail (central route) entrance next to the fifth station, many small heart-shaped leaves of *maizurusou* peep from between the carpet of moss (Photo 3 on page156). They are rather modest perennial plants with usually only one leaf each but plants with flowers have two or three leaves. *Fujihatazao* is a cruciferous herb also named after Mount Fuji (Photo 4 on page156). It is the only evergreen among the herbaceous plants to be found at the fifth stage. During the harsh winter season of Mt. Fuji, many herbaceous plants fall and lie dormant, and only *fujihatazao* sees the winter out with green leaves. It would be interesting to study how the tiny, frail-looking *fujihatazao* survives the winter.

Also, as you climb up the Ochudo Trail, you will notice a sweet smell coming from somewhere. This is the smell of the *miyamahannoki* flower. Let us take a sniff with our noses close to the flower, which has striking outgrowths like the tail of a cat (Photo 5 on page156). You might well find the smell of honey quite captivating. As a matter of fact, *miyamahannoki* has a special ability. Its roots live symbiotically with a root bacteria which synthesizes nitric acid from nitrogen in the air. Nitric acid can then be used as a nutrient by the root, allowing the root to grow vigorously even in harsh, nutrient-poor environments like the fifth station. As the fallen leaves of *miyamahannoki* are rich in nitrogen, they also provide a source of nutrition for other plants. Around the fifth station, where the soil is undeveloped and lacking in nutrition, the *miyamahannoki* plays an important role in accelerating the primary succession process.

3 Mount Fuji in Summer (July to August)

After the mountain opens in July, huge numbers of climbers and tourists visit the fifth

station. However, Mount Fuji is not just about climbing. If you wish to enjoy nature, walk along the Ochudo Trail and the forest below the fifth station while observing carefully. This is a different kind of pleasure than enjoying the view from the top. Here is the author's recommendation for the central Ochudo Trail and the route to walk down to the third station on the Shōjiguchi mountain trail.

3. 1 The Midway (Ochudo) Route

The route that runs almost horizontally like a headband at an altitude of 2,300 to 2,900 meters is called Ochudo. At one time, it connected all the way to Shizuoka but the so-called Osawa collapse of land has been so severe that it is now impassable. It is the best course for enjoying mountain vegetation while looking down on the sea of clouds and the Five Lakes of Fuji.

The Hakusan Rhododendron Corridor

From the Subaru Line 5th Station bus stop, take the Ochudo Trail towards Oniwa / Okuniwa, and you will see large numbers of rhododendrons along the path. From mid-July to early August, white to light pink flowers bloom to form a kind of corridor and are extremely striking (Photo 6 on page158). If you look closely at the flowers of the rhododendron, you will notice a constant stream of insects visiting the blooms. The Hakusan rhododendron is an important source of honey and pollen for insects. At the same time, insects carry the rhododendron pollen and help to propogate the proliferation of flowers. Of course, the suitability of the general environmental conditions give us many Hakusan rhododendrons at the fifth. The insects carry pollen, seeds can be produced, the number of individual flowers can increase, and the distribution can be expanded. Some people may not be very keen on bees and flies, but they play an important role in helping with the wide distribution of Hakusan rhododendrons.

The Mysterious Life of Lichens

When looking at the base of the Hakusan rhododendrons, the moss and lingonberry colonies spread like a carpet, and the white, delicate and elegant figure of the *miyama hanagoke* lichen is just about visible between them (Photo 7 on page159). *Miyama hanagoke* is actually not a moss even though it is generally referred to as a moss. As a living thing, it is more properly termed a lichen. Lichens are creatures distributed in the Arctic,

Antarctic, and alpine areas, and exist symbiotically with fungi and algae. Imagine a coral living in symbiosis with brown algae forms (*zooxanthellae*) and coral insects. In corals, *zooxanthellae* photosynthesize and nourish the coral insects, and the coral insects provide a living environment for the *zooxanthellae*, contributing to the symbiotic environment we call coral. Similarly, lichens enjoy a symbiotic relationship in which algae photosynthesizes to provide nutrients for fungi, and fungi provides a living environment for algae. Lichens cease activity when dry and can carry out photosynthesis as soon as water is obtained. Therefore, it is a creature suitable for places that tend to be dry, such as rock surfaces and tree trunk surfaces. As a matter of interest, it is said that *miyama hanagoke* is found in the Arctic Circle and is fed on by reindeer.

Pioneers of the Volcanic Wilderness

After passing through the Hakusan rhododendron corridor, one's field of view opens up and a volcanic wilderness, dotted with patches of green plant clusters, spreads out against a red-black background (Photo 8 on page159). By volcanic wilderness we mean a wilderness covered with lava and volcanic gravel, usually composed from a thin layer of soil. Here, the initial process of the primary succession can be observed. The volcanic wilderness around Mt. Fuji experiences both high (the surface temperature can be 40 ℃ in summer) and low temperatures (it can be −20 ℃ in winter), strong light, dry conditions, poor nutrition, strong wind, and occasional avalanches. It can be said that it is a very harsh environment for plants, with frequent disturbances due to the collapse and flow of rocks. The first settlers in this volcanic wilderness are moss, lichens, and seeds (photo9 on page160). The chance of seeds carried by wind actually germinating and settling in this volcanic wilderness is a miniscule 1 / 50,000 (Kibe 1996). Even if established, they often perish in avalanches, debris flows, or due to other environmental stresses and disturbances. The survivors grow slowly and expand their domain over decades to hundreds of years. Then neighboring patches merge and the territory grows larger still. In the meantime, withered branches and leaves of plants accumulate in the soil, and nutrients gradually accumulate in the poorly cultivated soil. Then, various types of plants grow in the patch, and finally trees such as larch and birch can grow. After the passage of decades and hundreds of years, the density and height of the larch increases, resulting in a larch forest. While it takes several hundred years before the larch forest is established from the bare land in this volcanic wilderness through the activity of these patch-like plant communities,

you can apprehend this situation at a glance on the Ochudo route (Photo 1 on page153).

The Enduring larch

If you go on a little further, you will reach an area called Oniwa. Here, branches and trunks wind here and there, and strangely shaped larch with branches growing only in one direction can be observed wherever you look (Photo 10 on page161). Why are they shaped like this? It is the result of the prevailing winter winds in this area. Mount Fuji experiences very strong winds from the west to the east. The branches and leaves on the windward side are damaged by the small stones blown by the strong wind, and the branches can grow only on the leeward side. Also contributing to the contorted shapes, the tips of the branches of trees may break in an avalanche or tree trunks or branches may be bent by the weight of snow. These are truly wind-beaten trees. If you observe the tree shapes, you can guess which direction the wind blows there and what kind of existence the larch has experienced. If you are interested in contemplating the hardships of larches, this is the place for you.

On to the Ōsawa Flower Garden

After passing Oniwa, you will reach a branch going to either Ōsawa or Okuniwa. If you go straight to the Ōsawa area at the fork, you will arrive there after walking for about an hour in the sub-alpine coniferous forest of larch and firs. Fields of flowers spread out before Ōsawa, and from mid-July to early August, you can see various beautiful flowers there (Photo 11, 12 on page161).

From the Volcanic Wilderness to the Larch Forest

Take the alternative “back garden” fork and enter the larch forest. As you go in, you will notice that the environment has changed significantly. Observe that the brightness, temperature, wind strength, and soil thickness have all changed. And consider why this has happened. These changes are the result of the invasion and settlement of plants in the volcanic wilderness and the establishment of the larch forest.

Plants invade and settle incrementally in the volcanic wilderness over what must be hundreds or thousands of years and, at the same time, dead leaves, dead branches and roots of plants accumulate in the soil. When the soil is formed, water can be retained. Then, it will be replaced again with plant species that can grow and reproduce quickly in that specific environment. After the trees have established themselves, when the passage of time

finally results in the creation of a forest, the intensity of light and wind, the thickness of soil, the amount of soil moisture and soil-based organic matter will change greatly. In this way, with a shift in the balance of power exerted by the dominant plant species, the environment changes. As a result, the plant species change again. This is the gradual transition of vegetation. The plants we see in front of us now do not stay that way forever. The same environment will not in fact endure. Even so, if we compare it to our human time scale, the natural time scale of the vegetation boggles the mind.

Keep going through the larch forest and you will emerge after about 15 minutes on to the Subaru line. Walk slowly here for 1–2 hours. You can get on a bus from the bus stop in Okuniwa or walk down further and eat lunch at Okuniwasō mountain hut while enjoying the view of Mount Fuji. At Okuniwasō, you can enjoy a variety of drinks and dishes employing Lingonberry juice, and wild vegetables and mushrooms from Mount Fuji. You cannot beat eating lunch while listening to the singing of birds.

3. 2 The Shōjikō Mountain Trail Route

The Shōjikō mountain trail runs for about 20km from Okuniwasō to Lake Shōji. The vegetation varies with the altitude. Fir and hemlock proliferate in the sub-Alpine coniferous forest. Cypress and hemlock are predominant in the Aokigahara sea of trees. You can enjoy the variety of nature while going down Mt. Fuji, but even a strong walker will take a whole day, so here we will here introduce an alternative route to the third station which can be covered in half a day.

The Carpet of Moss

When you go down the mountain path along Okuniwasō, you will soon find yourself in the subalpine coniferous forest of fir and hemlock (photo13 on page163). Such a forest is characterized by a fresh moss carpet that spreads across the forest floor. Here, one would like you to enjoy the diversity and beauty of this moss on the forest floor. You do not need to know the species' names. However, it is fun to try to identify how many types of moss can be found just from their different shapes and characteristics. If possible, look closely at the leaves and sporangia with a magnifying glass. You will be amazed by the beauty and elaborate structure of these mosses. You can also see wintergreen and orchids displaying small and pretty flowers between the moss carpets (Photo 14, 15 on page164). Many of these species are designated endangered plants and are very valuable and should never be

harvested or damaged. Because Fuji is a national park and designated as a specially protected area, the collection of animals and plants, rocks and soil are prohibited. Not only is it forbidden, one should also bear in mind that these subalpine coniferous forest plants take such a long time to grow that, once destroyed, they can take decades to regenerate. For example, in the case of the fir, an individual of about 2 cm in diameter and 80 cm in height is likely to be 50 years old. In the case of both moss and orchids, it can take decades to grow 1cm. It is an easy matter to destroy nature, but it takes a long time to regenerate. At the risk of sounding clichéd: "The only thing you can take is a photograph"!

There is a Ghost!

Also, if you are walking through the sub-alpine coniferous forest zone at this time, you may come across ghostly white objects appearing out of the ground. This is *Ginryōsō* (aka *Yureitake*, the ghost mushroom), a parasitic plant that does not itself photosynthesize and lives in the roots of other plants (Photo 16 on page165). Because it does not photosynthesize by itself, it has no leaves and no chlorophyll, and only the pure white flowers, the reproductive organs, appear out of the ground, spreading seeds to increase the number of offspring and expand the distribution of the plant. This is also a very precious plant, so please never pick it even if you do happen to find it.

If you go down the Shoji mountain trail, you will arrive at the Third Station. From Okuniwasō to the Third Station takes a couple of hours while observing slowly. You can get on a bus here and go down the mountain.

4 Mount Fuji in Autumn

The best thing about Mt. Fuji is the beautiful autumn leaves. However, the autumn leaves do not hang around and persist only for about two weeks from mid-October. If you enjoy autumn leaves, it might be good to go along the Subaru Line. Along the Subaru Line, there is a great variety of maples, so you can also enjoy a variety of autumn leaves. There is also a wide range of altitudes from the foot of the mountain to around the third station. You will find different maples at the various altitudes. In the autumn sun, it turns a beautiful red. Most highly recommended is a day after a rainy day. The autumn leaves shining after the rain, moist red to yellow, are really very beautiful. Above the third stage, the contrast between the deep red-colored mountain ash and the golden larch leaves and the dark green color of firs and hemlock is extremely striking.

In addition, it is not autumn in the Mount Fuji area unless you enjoy the diversity and taste of mushrooms. For mushroom watching, the Shōjiguchi mountain trail is recommended. Especially in the sub-alpine coniferous forest from the Okuniwa to the third station, you can see mushrooms of various colors and shapes (Photo 17 on page166). Even if you do not know the various names, you can feel the diversity of mushrooms (photo18 on page166). It is enough to just think about the diversity of the natural world and the many years it took to be created. If you want to taste mushrooms, Okuniwasō is recommended. Mushroom soup with plenty of Mount Fuji mushrooms is a must for mushroom lovers (photo19 on page166).

5 Mount Fuji in Winter

After December, the mountain trails and the Subaru line are often closed due to the snow. If you are lucky enough to get through, try walking in the snow. You may be able to observe the footprints of wild animals (such as hares, martens, squirrels and antelopes) or notice other signs such as the feces of a marten (Photo 20 on page167). Even if it is not possible to pass because of the snow, the winter views of Mount Fuji seen from the Fuji Five Lakes is, of course, rather beautiful.

Conclusion

This is offered as a taste of a very small part of the nature of Mt. Fuji. To enjoy nature, it is important to observe carefully. I hope you will enjoy your journey of discovery as if slowly searching for treasure. I hope this chapter will help you in this regard.

How to Get the Most Out of Wildlife Observation around Mount Fuji

Kitagaki Kenji

Introduction

There has been increasing interest in the natural environment and wildlife in recent years and, all over the country, one can find organizations dedicated to the observation and study of wild animals. For example, many people gather to participate in such organizations related to observation of the giant flying squirrel in Mount Takao, situated within the city of Tokyo, adjacent to Yamanashi prefecture.

There are many mammal varieties living in the islands of Japan. Indeed, the Japan archipelago runs some three thousand kilometers north to south so climactic conditions exhibit an incredible range from subtropical to subarctic. The topography of the islands is also extremely complex. Situated just off the Asian continent, the islands have undergone repeated connection with and separation from the mainland over geological history. Many species moved from the mainland during such periods of connection.

Reflecting the complexity and diversity in geological and climactic conditions, there is a huge abundance of wildlife in Japan. If one includes species such as the wolf, which has become extinct on these islands, mammals alone account for 134 different indigenous species.

Indeed, there is a very large number of species endemic to the Japan archipelago. An endemic species may be understood as one that can only be found here. Let us take the British Isles and the southern hemisphere's New Zealand as examples of countries with roughly similar latitude and area to Japan. Britain has only 42 species with none endemic. New Zealand has a mere three mammal species, all endemic. Clearly, Japan is a veritable treasure trove of mammal species.

The area around Mount Fuji, roughly in the center of Japan and home to about 40% of Japan's mammal species, is a wonderful place to observe wildlife. However, even with its abundance of wildlife species, it is not always easy to observe them in Japan because, for one thing, they tend to be nocturnal. However, if one carefully observes the environment for signs such as food remains, droppings, footprints and so on, the chances of one making

actual observations of animals increases, as does our enjoyment of the experience. Let me then introduce an approach to wildlife observation that can be easily conducted by anyone, with reference to traces left in the natural environment around Mount Fuji.

1 The Japanese Giant Flying Squirrel (*Petaurista leucogenys* Musasabi)

The giant flying squirrel is a good example of a true form of animal observation in the area. It is an endemic species that grows to a full length of about 70 centimeters. It spends its whole life in the trees and rarely comes down to the ground. It weighs about one kilogram. Instead of flapping wings like a bird, it employs a gliding technique for moving from tree to tree by utilizing special wing-like membranes that extend between its ankles and wrists. Glides of over one hundred meters have been recorded.

In order to have a real chance of encountering a flying squirrel, you will need to have a pretty good idea of where they are living. In general, the flying squirrel resides in holes in large trees. Trees of such dimensions are not often found in the forest now but there are some remaining in the grounds of shrines and temples. However, of course, that does not mean that these squirrels are certain to be living around any particular shrine or temple. A male flying squirrel has a home range of about 2 hectares. In other words, the squirrel makes its home in a single large tree and glides around a wider forest area from there. That means it is a good idea to look on the map and see if you can find any shrines or temples near the mountains.

Next, you need to find evidence that flying squirrels are actually living in the area. You should be able to find droppings at any time of year. Flying squirrel droppings are round in shape and about 5 millimeters across. No other mammal has droppings of this particular shape and size. Flying squirrels often leave droppings on the branches of trees so it is a good idea to check under big trees or surrounding trees. You may also be able to find food remains in areas where flying squirrels are living. Flying squirrels are virtually exclusively herbivorous, generally living off leaves, flowers, seeds, and fruit. They prefer young leaves so, if you are looking for the remains of nibbled leaves, spring to early summer is probably a good time. Furthermore, the remains of leaves eaten by flying squirrels are unique in the ecology of mammal species. They leave a V-shaped cut on the leaf. As a matter of fact, this specific formation comes as a consequence of the animal's ability to eat one-handed.

If you find the droppings or the leaf remains, you can be pretty certain that there are

flying squirrels living there so all you have to do now is observe carefully.

The flying squirrel is rather particular about time. They become active about twenty to thirty minutes after the sun goes down. If you research the time of sunset in the area, it is going to help you a lot in your quest to make your observation. These regular little creatures make a perfect subject for an introduction to the study of wildlife observation.

If you are interested in observing them in the forests around Mount Fuji, Autumn to Spring is probably the best time. At this time, there are few leaves on the trees so it is easier to observe the silhouette of the animals gliding from tree to tree. On a clear evening, you should be able to see them against the backdrop of a starry sky.

2 The Japanese Squirrel (*Sciurus lis* Nihonrisu)

Mammals are generally nocturnal but some are active during the day. The Japanese squirrel is one of these.

Japanese squirrels are distributed around Honshū, Shikoku, and Awaji island but have not been confirmed as existing in Kyūshū in recent years. Like the flying squirrel, they are virtually exclusively herbivorous and display an interesting style of consuming their favorite food, walnuts.

Japanese squirrels have very hard, sharp incisors (front teeth) with which they can eat even walnuts with extremely hard shells. With regard to how they actually eat these, unlike the flying squirrel, Japanese squirrels are not able to eat one-handed and must instead grab the nut with both hands, apply their teeth to the joint of the shell and eat the nut inside once it has been penetrated. With a hand on each of the separated shell halves, the squirrel is able to finish up the feast. They appear to like to eat in locations where they can see over the high branches so you are likely to find walnuts falling near trees if they are nearby.

Another characteristic food of the Japan squirrel is pinecones. If you walk in the Mount Fuji area, you should be able to find the remains of red and white pine. However, the flying squirrel also enjoys pinecones so you will have to check to find out what is doing the eating. In any case, if you find pinecone leftovers, you will know it is one or the other. If you are interested in encountering a Japanese squirrel, wait by a walnut tree if you see remains of eating activity. They tend to be particularly active in the morning and evening hours.

The Japanese squirrel has the interesting habit of digging holes in the ground and burying walnuts in various distributed spots as a store for the winter when food becomes

scarce. A recent study suggests that the squirrels have an impressive memory for where they have buried their store. That is a pretty amazing ability that humans would find very difficult to replicate. However, it seems that they occasionally forget to bury the nuts. Walnuts start to bud in the spring so, instead of enjoying the fruits of their labor, the squirrels may also have the function of carrying the nuts far away and creating more trees for the forest.

3 The Large Japanese Field Mouse (*Apodemus speciosus* Akanezumi) and the Small Japanese Field Mouse (*Apodemus argenteus* Himenezumi)

Members of the mouse family (Order Rodenta) have two strong upper incisors (front teeth). Rodents are able to chew up the shells of hard nuts with these teeth. Members of the mouse family are extremely diverse with a distribution across all of the world's continents except Antarctica. They account for about 40% of the 4,500 species of mammals. Among members of the mouse family, the large Japanese field mouse and the small Japanese field mouse are probably the easiest to observe. These two not only have a large population but also inhabit a very wide area from the plains to the mountain regions.

The larger of the two has beautiful red fur, as suggested by its Japanese name (*akanezumi* means red mouse). It has a length of about twenty centimeters and eats seeds and fruit. If you want to observe one of these, you should probably look for signs of leftover food. The various species have characteristic ways of eating so you will be able to tell which has been doing the eating. The Japanese squirrel introduced earlier has the habit of breaking a walnut in two, but that style is unique to that particular creature.

The (red) large Japanese field mouse also likes walnuts but its style of eating is quite different from the squirrel. Instead, the red mouse makes a round hole in the shell and eats the contents. If you find a walnut with a round hole in it, it may well have been eaten by a large Japanese field mouse. Look near a walnut tree and you are likely to find such tell-tale signs. This is proof that the red mouse is around. If you observe quietly at night, with this as a clue, you will be able to enjoy an encounter with one.

The small Japanese field mouse is, unsurprisingly, smaller than the red variety, with a total length of about 18 centimeters. Even so, it is similar in appearance and it can be difficult to tell them apart. Members of the smaller variety, unlike the larger kind, are not able to make round holes in walnuts. Like the larger variety, the small Japanese field mouse

is an endemic species that enjoys a wide distribution throughout the country. So where can you find these little creatures?

The small Japanese field mouse can be found in the lava belt of Mount Fuji. It is not entirely understood why the smaller mouse lives in these regions but not the larger. It seems that the smaller mouse is able to live while making good use of the various little gaps and tunnels characteristic of the area. One of its favorite seeds is that of the Korean spindletree (*Euonymus oxyphyllus* Tsuribana). The small mouse is able to climb on trees to locate its feast of seeds and fruits. The Korean spindletree proliferates in the lava zone and its fruit ripens red in Autumn. At this time, you may be able to find leftovers from a spindletree banquet on the ground. Then, having done your research, you will be able to observe the small Japanese field mouse going about its nocturnal business.

The large Japanese field mouse, like the Japanese squirrel, stores walnuts and other nut varieties in the ground. The smaller mouse has the habit of storing seeds in various locations. The two mouse varieties introduced here will also eventually play a part in extending the forest.

4 The Small Japanese Mole (*Mogera imaizumii* Azumamogura) and the Large Japanese Mole (*Mogera wogura* Kōbemogura)

Japan is a mole kingdom. In Britain, another island country, there is only one mole variety but Japan has seven kinds of mole. The reason for this diversity is thought to be related to the complex environment and topography of the Japanese archipelago, with hard soil mixed with stones and soft soil with a natural mulch layer on the surface.

To the west of Mount Fuji is a vast grassland (the *Asagiri Kōgen*). Between the end of autumn into winter, large numbers of little hills, around 20 centimeters high, are formed in this grassland. These little hills are actually molehills created when the mole pushed the soil out of the ground while digging its tunnel. This is another vital sign of wildlife activity. The creation of molehills is one of the winter traditions in the region.

In fact, the grasslands are home to the larger variety of mole, which are mostly distributed in western Japan. They are the individuals who are responsible for the large number of molehills. Research suggests that a single mole may rake out hundreds of kilograms of soil from the ground to the surface during the course of its winter labors. One look at the landscape will convince you of the important gardening role played by the moles in churning up the soil.

Tsuru City, located on the east side of Mount Fuji, is home to the smaller variety of mole. In other words, the area around the Asagiri grasslands forms a boundary marker for the distribution of small and large mole populations.

In the vicinity of Mount Fuji, you may also find tiny moles about the size of an adult's thumb. The Japanese shrew mole (*Urotrichus talpoides* Himizu) is also endemic to Japan but digs tunnels near the surface of the earth and feeds on earthworms and insects. If you lift a tree in the forest, you may find a tunnel of about 3 millimeters in diameter. This is likely to be the handiwork of the shrew mole. There are also moles that catch fish and aquatic insects near the head of a river. The Japanese water shrew (*Chimarrogale platycephala* Kawanezumi) is a skillful hunter of fish in spite of being virtually blind.

Members of the mole family are not easy to observe, hunting and moving as they do under ground and under water. They remain rather mysterious creatures, with many elements of their ecology complete unknown to us. While they live in the environment close to us, their existence remains far out of our reach. Even so, by observing the signs of their activities such as molehills and tunnels, we can imagine how they live. The area around Mount Fuji is a great place to explore the mysterious kingdom of the mole.

Conclusion

Mammals have penetrated every inch of space in our world, from the earth to the air. They have developed an ecology and forms of behavior appropriate to the space in which they live. The same can be said, of course, for the mammals of the Mount Fuji area. The flying squirrel introduced in the first section above has also acquired the wisdom to glide and live on the plants in order to survive a lifetime in the trees. Japanese squirrels have the ability to use walnut stores by dispersing them on and in the ground as they move back and forth between the ground and the trees.

The area around Mount Fuji provides us with many examples of creatures that have advanced into every space and there is great pleasure to be derived from exploring their ecology and behavior by observing the signs they leave behind them. This also provides important clues that help us to understand how the world's mammals live.

Main Building of Tsuru University Campus

執筆者一覧（執筆順：氏名／所属〔2020年2月現在〕／専門分野／主要業績）

加藤めぐみ（かとう・めぐみ）／都留文科大学文学部英文学科教授／イギリス文学・文化／『英国ミドルブラウ文化研究の挑戦』（共著）中央大学出版部、2018年など

岩下哲典（いわした・てつのり）／都留文科大学文学部非常勤講師・東洋大学文学部教授／日本近世・近代史／『江戸無血開城―本当の功労者は誰か？』吉川弘文館、2018年

加藤浩司（かとう・こうじ）／都留文科大学文学部国文学科教授／国語学／『キ・ケリの研究』和泉書院、1998年など

小石川正文（こいしかわ・まさふみ）／都留文科大学文学部国文学科特任准教授／国語科教育学／高等学校古典学習への提言―次期学習指導要領を視野に―」『国文学論考』第54号、2018年など

山口博史（やまぐち・ひろし）／都留文科大学地域交流研究センター准教授／社会学／「非大都市部への〈移住〉者による地域的ライフスタイルの受容：山梨県都留市での調査から」『地域社会学会年報』第30集、pp. 65-79、2018年など

加藤敦子（かとう・あつこ）／都留文科大学文学部国文学科教授／日本近世文学／「『釈迦如来誕生会』における槃特」小峯和明編『東アジアの仏伝文学』勉誠出版、2017年など

赤羽美咲（あかはね・みさき）／都留文科大学文学部英文学科3年／『Mt. Fuji Times』編集長（2019年度）、富士急行線通訳案内

加藤弘子（かとう・ひろこ）／都留文科大学文学部非常勤講師／美術史／「野田洞珉筆『鳥類写生図』―尾形光琳筆『鳥獣写生図』との関係」『美術史』162号、2007年など

ローレンス・ウィリアムズ（Laurence Williams）／上智大学外国語学部英語学科准教授／18・19世期のイギリス文学・紀行／*British Romanticism in Asia*（共編）Palgrave、2019年など

志村三代子（しむら・みよこ）／都留文科大学文学部比較文化学科准教授／映画史・表象文化論／『映画人　菊池寛』藤原書店、2013年など

河口智賢（かわぐち・ちけん）／曹洞宗耕雲院副住職／仏教・曹洞禅／映画『典座―TENZO―』主演、全国曹洞宗青年会製作、2019年など

渡辺豊博（わたなべ・とよひろ）／都留文科大学教養学部地域社会学科特任教授／富士山学／『富士山の光と影』清流出版、2014年など

内山美恵子（うちやま・みえこ）／都留文科大学教養学部学校教育学科教授／水文地質学・第四紀地質学／『のぞいてみよう　しぜんかがく　みず』（監修）パイ インターナショナル、2019年など

別宮有紀子（べっく・ゆきこ）／都留文科大学教養学部学校教育学科教授／植物生態学／“Genetic structure of *Pinus parviflora* on Mt. Fuji in relation to the hoarding behavior of the Japanese nutcracker” *Ecosphere* 10、2019年など

北垣憲仁（きたがき・けんじ）／都留文科大学地域交流研究センター教授／生態学、博物館学／『カワネズミの谷』フレーベル館、1996年など

ハウエル・エバンズ（Hywel Evans）／都留文科大学文学部英文学科教授／言語学／“Using L1 to encourage more complex and fluent production in L2 tasks” *Modern Journal of Language Teaching Methods*, 1 (1), 2018年など

索　引

●あ行●

●か行●

●さ行●

●た行●

●な行●

●は行●

●ま行●

大学的富士山ガイド――こだわりの歩き方

2020年2月29日　初版第1刷発行

編　者　都留文科大学

責任編集者　加藤めぐみ・志村三代子・ハウエル エバンズ

発行者　杉田　啓三

〒607-8494 京都市山科区日ノ岡堤谷町3-1
発行所　株式会社　昭和堂
振込口座　01060-5-9347
TEL(075)502-7500／FAX(075)502-7501
ホームページ　http://www.showado-kyoto.jp

　印刷　亜細亜印刷

ISBN 978-4-8122-1919-5